Antje Schrupp

SCHWANGERWERDENKÖNNEN

Antje Schrupp

SCHWANGER WERDEN KÖNNEN

Essay über Körper,
Geschlecht und Politik

ULRIKE **HELMER** VERLAG

2. Auflage

ISBN 978-3-89741-435-8

Originalausgabe

Covergestaltung: Atelier KatarinaS / NL
Druck: CPI Druckdienstleistungen GmbH
Bei Fragen zur Produktsicherheit wenden Sie sich an
vertrieb@ulrike-helmer-verlag.de

Ulrike Helmer Verlag
Klosterhofstr. 3, 65843 Sulzbach

www.ulrike-helmer-verlag.de

Die Spaltung der Individuen in Männchen und Weibchen stellt sich also als eine gleichzeitig unabänderliche und doch zufällige Tatsache dar.
Simone de Beauvoir[1]

Das Zugeständnis, dass die Ungleichheit der Machtverhältnisse zwischen den Geschlechtern biologische Ursachen hat, bedeutet nicht, dass wir auf verlorenem Posten kämpfen.
Shulamith Firestone[2]

Das Geschlecht der Frau ist nicht eins.
Luce Irigaray

Inhalt

Einleitung ... 9

Schwangerwerdenkönnen: nur noch eine Nebensache? ... 16

Kleine Biologie des (nicht) Schwangerwerdenkönnens ... 28

Zweigeschlechtlichkeit und heterosexuelle Matrix ... 49

Warum es normal ist, nicht schwanger zu werden ... 65

Hormone, Chromosomen, Uteri – zur Biologie von Geschlecht ... 77

Die Konstruktion des Vaters und die Entstehung des Patriarchats ... 96

Über die körperliche Selbstbestimmung schwangerer Menschen ... 114

Leihmutterschaft, Eizellenverkauf, Reproduktionsmarkt ... 126

Schwangere Männer und andere Neuigkeiten ... 145

Anmerkungen ... 157

Literatur ... 175

Glossar ... 179

Während ich diesen Essay schreibe, lese ich parallel eine Textsammlung von Clara Wichmann. Sie war eine kluge und originelle Denkerin, Anarchistin, Pazifistin, Feministin. Ich hätte gerne mehr von ihr gelesen. Aber ihr politisches Schaffen endete abrupt, als sie 1922, im Alter von nur 36 Jahren, bei der Geburt ihres ersten Kindes starb.

Ihr und allen Menschen, die ihren Körper zur Verfügung stellen, damit neue Menschen zur Welt kommen können, ist dieses Buch gewidmet.

Einleitung

Vor einigen Jahren sagte eine Journalistin im Deutschlandfunk: »Man wird den Eindruck nicht los, dass Väter nach wie vor benachteiligt sind. Denn wir haben zwei Menschen, die nicht miteinander verheiratet sind, aber gemeinsam ein Kind gemacht und bekommen haben, und trotzdem hat ja in Deutschland nach der Geburt erst mal automatisch nur die Mutter das Sorgerecht. Das ist doch nicht gleichberechtigt?«[1]

Ein Mädchen vom Mars würde sich über diese Frage vielleicht wundern und entgegnen: »Na ja, die Mutter war schließlich neun Monate lang schwanger und hat das Kind geboren, warum soll sie denn das Sorgerecht mit einem Mann teilen?«

Vor meinem inneren Auge erscheinen umgehend aufgebrachte Väterrechtler, die ihre Shitstürme über das Mädchen vom Mars ausschütten.

Wer hat recht?

Das kommt darauf an, wem wir recht geben. Es gibt nicht die eine, wahre und richtige Interpretation dessen, was Schwangerwerdenkönnen bedeutet und was daraus folgt. Es lässt sich nicht »aus der Natur der Sache« ableiten, sondern muss sozial interpretiert werden. Schwanger werden zu können ist eine »politikbedürftige Körper-Tatsache«, wie Ina Praetorius es formuliert hat.[2] Zwar geschieht bei einer Schwangerschaft ganz objektiv und materiell etwas – ein Baby wächst in der Gebärmutter eines Menschen heran. Aber wie wir mit dieser Tatsache umgehen, das ist eine kulturelle Übereinkunft und damit legitimer Gegenstand politischer Verhandlungen. Man kann unterschiedliche Meinungen dazu haben. Und man muss darüber sprechen.

Doch Schwangerwerdenkönnen, so scheint es, ist heutzutage kaum der Rede wert, jedenfalls nicht auf einer gesellschaftspolitischen Ebene. Kinder werden »gezeugt und bekommen«, wobei zwischen das Zeugen und Bekommen kaum ein Atemzug passt.

Die Journalistin beim Deutschlandfunk ist ja nicht die einzige, die es so sieht. »Nicht bei jedem Heterosex kommt ein Baby heraus«, verkündet der Podcast »Wege nach Queertopia«,[3] und ich stelle mir vor, wie das Mädchen vom Mars dazwischenruft: »Na klar nicht! Beim *Sex* kommt nie ›ein Baby heraus‹, es muss vorher immer erst noch jemand *schwanger* gewesen sein!«

Natürlich wissen wir alle, dass es Schwangerschaften gibt und dass sie notwendig sind, damit Kinder zur Welt kommen. Es gibt auch eine schier unendliche Flut an Lektüre- und Ratgebermaterial für Menschen, die schwanger sind. Aus dem *politischen* Diskurs ist das Schwangerwerdenkönnen aber fast vollständig ausgeschlossen. »Der offenkundige Umstand, dass der Fötus, der jeder von uns einmal war, körperlich mit seiner Mutter verbunden ist und ohne sie nicht überleben kann, spielt kaum eine Rolle im Mainstream der philosophischen und naturwissenschaftlichen Debatten, die sich mit der Frage beschäftigen, was der Mensch ist«,[4] wundert sich Siri Hustvedt in ihrem aktuellen Essay »Die Illusion der Gewissheit«.

Vielleicht ist das aber auch kein Wunder, denn die meisten Menschen, die diesen Diskurs prägen und vor allem in den vergangenen Jahrhunderten geprägt haben, können nicht schwanger werden. Und vom Schreibtisch aus mag man sich das Ganze irgendwie eklig vorstellen. »Inter faeces et urinam nascimur«, wir werden zwischen Scheiße und Pisse geboren, hat der Heilige Augustinus geschrieben. Das Zitat geistert seither durch unsere Kulturproduktion, zum Beispiel findet es sich auch bei Stanislaw Lem. In seinem Roman »Lokaltermin« schreibt er über die Kultur der Entianer, die von Vögeln abstammen und ordentlich saubere Eier legen. Niemand muss dort schwanger sein, und, Gott bewahre, kleine Kinder aus einem Loch im Unterleib herauspressen, das praktisch direkt neben dem Loch liegt, aus dem man kackt.

Auf die Abneigung gegen alles Körperlich-Feuchte führt Siri Hustvedt auch die Faszination zurück, die die westlich-abendländische Kultur der Utopie künstlicher Intelligenzen entgegenbringt. »Der durchlässige, feuchte, stoffliche Körper ist nicht Teil ihres Modells von Geist. Der Embryo, der heranwachsende oder erwachsene Körper, pochend und schlammig, hat nichts zu suchen bei der Art von Intelligenz oder Geist, die (sie) … nachbilden wollen«, schreibt Hustvedt: »Steckt hinter solchen Thesen nicht der Wunsch nach einer hübsch trockenen Denkmaschine, einer neuen Rasse, die nicht im organischen Körper einer Mutter heranwächst oder aus diesem geboren wird, die keine organische Materie braucht: keine schwächlichen Gene, keine mütterliche Eizelle, kein väterliches Sperma, keine Embryonalentwicklung, keine Plazenta, keine Gebärmutter und keinen Geburtsvorgang, bei dem ein Mensch aus einem anderen herausgepresst wird?«[5]

Schwanger werden zu können steht für Körperlichkeit, für Angewiesensein auf andere. Es führt uns vor Augen, dass die menschliche Autonomie Grenzen hat – und zwar sowohl für die Schwangere als auch für das im Entstehen begriffene menschliche Wesen in ihrem Bauch. Während die Perspektive der Gebürtigkeit immerhin, ausgehend von Hannah Arendts Überlegungen zur »Vita activa«, bereits hin und wieder betrachtet worden ist,[6] soll mich in diesem Essay der andere Fokus interessieren: nicht das Geborensein, sondern das Schwangerwerdenkönnen.

Schwangerschaften sind nicht nur unangenehm körperlich-materiell, sie sind auch ein Stachel im Fleisch unserer gleichgestellten Gesellschaft. Es können nicht alle Menschen schwanger werden, sondern nur etwa die Hälfte, weshalb sich das Schwangerwerden nicht »gerecht« untereinander aufteilen lässt wie etwa das Einkaufen oder das Badputzen. Emanzipation und Schwangerwerdenkönnen passen nicht so recht zusammen. Das spiegelt auch die Gesellschaftstheorie: Jana Ballenthien hat darauf hingewiesen, dass Schwangerschaft bisher keine eigenständige analytische Größe in der Soziologie und Geschlechterforschung ist, sondern »meist nur als Bestandteil der generellen dualistischen Arbeitsteilung zwischen Männern und Frauen (kritisch oder unkritisch) thematisiert«[7] wird. Für Feministinnen ist, wie sich im folgenden zeigen wird, das Thema belastet, da das Schwangerwerdenkönnen der Frauen jahrhundertelang als Begründung und Legitimation für die Unterdrückung der Frauen diente. Es war daher auch eine Strategie der Frauenbewegung, diesen Punkt eher nicht noch eigens herauszustellen.[8]

Doch die Zeiten ändern sich. Immer mehr Frauen bestehen darauf, dass Gleichberechtigung auch dann noch funktionieren muss, wenn sie schwanger werden. Die Verurteilung der Gießener Ärztin Kristina Hänel nach § 219a StGB, der Informationen über Abtreibungen auf Websites von Arztpraxen unter Strafe stellt, im Herbst 2017 hat besonders jüngere Frauen irritiert; viele von ihnen wussten bis dahin gar nicht, wie restriktiv die Gesetzgebung in Deutschland ist. »Raus aus meinem Uterus!«, forderte Nina Straßner in einem viral gegangenen Blogpost und sprach dabei vielen aus der Seele.[9] Aber es geht nicht nur um Gesetze. Als im Oktober 2018 die Twitter-Nutzerin @reihenhausmutti über die Englischlehrerin ihrer Tochter schimpfte: »Gewollt neu an einer großartigen Schule anfangen, in den Klassen alles anders machen als die Kollegen bisher, obwohl SIE bereits wissen, dass Sie schwanger sind, ist arschig«[10], bekam sie über hundert Kommentare, die darauf hinwiesen, dass eventuelle Probleme an unterbesetzten Schulen nicht daher kommen, dass eine Lehrerin schwanger wird, sondern daher, dass schlecht geplant wurde oder die finanzielle Ausstattung ungenügend ist.

Die Politikbedürftigkeit des Schwangerwerdenkönnens drängt sich heute an allen Ecken und Enden auf, nicht weil das Thema neu wäre, sondern weil immer mehr Frauen nicht mehr bereit sind, gesellschaftliche und soziale Nachteile in Kauf zu nehmen, nur weil sie eine Gebärmutter haben und diese auch hin und wieder benutzen wollen. Noch immer bedeuten Schwangerschaften erhebliche Karrierenachteile, Einkommensverluste sowie Konflikte in Paarbeziehungen. Schwanger werden ist im Kapitalismus eigentlich gar nicht vorgesehen, das stellt sich jetzt, nach dem Ende der traditionellen »Ernährerfamilie«, heraus.[11] Aber auch reproduktive Rechte sind umkämpft wie lange nicht, das zeigen die aktuellen Debatten: Abtreibungsmöglichkeiten und der § 219a, explodierende Haftpflicht-Versicherungsbeiträge für Hebammen, Gewalt in der Geburtshilfe[12] oder auch Zugang zu Reproduktionstechnologien jenseits heteronormierter Familienstrukturen sind nur einige der Themen. Während solche Fragen früher als spezielle Frauen- und Feminismusthemen galten, stehen sie heute im Zentrum einer allgemeineren Kontroverse zwischen rechtskonservativ-autoritären und liberal-freiheitlichen Positionen.

Fortschritte in der Reproduktionsmedizin haben die körperliche Fähigkeit, schwanger zu werden, außerdem zu einer vermarktbaren Dienstleistung gemacht. Die Ausbeutung von »Gebärmüttern« wirft Milliardenumsätze ab. Menschen, die schwanger werden können, sind dabei die »Produktionsmittel«, während Menschen, die nicht schwanger werden können oder wollen, aber Geld haben – darunter auch viele Frauen –, die Nachfrage generieren.

Schließlich hat auch die Auflösung der klassischen Familienformen das Thema Kinderhaben auf die politische Agenda gespült. Welche Rechte und Pflichten haben Personen, die schwanger werden können, gegenüber der Gesellschaft? Was müssen die Leute unter sich ausmachen und was wird gesetzlich geregelt? Je mehr die klassischen familiären Institutionen sich in einem postpatriarchalen Durcheinander[13] auflösen, umso wichtiger ist es, neue freiheitliche Strukturen herauszubilden. Denn »der Mensch«, um den es dabei geht, kann nicht als »einer« gedacht werden. In Bezug auf das Schwangerwerdenkönnen gibt es zwei Sorten von Menschen: diejenigen, die es können, und diejenigen, die es nicht können. Darüber, wie wir mit dieser Ungleichheit unter uns Menschen umgehen wollen, müssen wir diskutieren.

An dieser Stelle eine kurze Bemerkung zur Sprache. Manchmal spreche ich von Frauen und Männern, manchmal aber von »Personen mit Gebärmutter« beziehungsweise »Menschen, die (nicht) schwanger werden können«. Letzteres tue ich, weil ich über die reproduktive Differenz des (nicht) Schwangerwerdenkönnens nachdenken möchte, ohne diesen Unterschied gleich mit kulturellen Genderbildern zu übertünchen. Das heißt, ich will dann nicht über Frauen und Männer schreiben, sondern über Menschen, die schwanger werden können, und solche, die es nicht können, und beides ist nicht ganz deckungsgleich. Manchmal wäre diese geschlechtsunabhängige Formulierung allerdings irreführend, nämlich immer dann, wenn es um die enge symbolische und historische Verflochtenheit von Reproduktion und Geschlecht geht: Frauen werden diskriminiert, weil man in ihnen Menschen sieht, die schwanger werden können; es werden aber *alle* Frauen diskriminiert, unabhängig davon, ob sie tatsächlich schwanger werden können oder nicht.

Mit zwei Aspekten werde ich mich in diesem Essay nicht beschäftigen. Einmal mit allem, was nach der Geburt eines Kindes kommt, wie Elternsein, Care-Arbeit, Sorgerechtsfragen, Familienformen und dergleichen. Denn der spezifische Zustand einer Schwangerschaft – zwei menschliche Wesen, die in einem Körper biologisch verbunden sind – endet mit der Geburt des Kindes und seinem Eintritt in die Gesellschaft. Was danach kommt, ist »normale« kulturelle Beziehungsarbeit.[14] Der zweite Aspekt betrifft die gesetzlichen Regelungen des Schwangerwerdenkönnens, etwa im Bereich der Reproduktionsmedizin, aber auch des Familienrechts. Denn ich möchte erst einmal das Phänomen selbst durchdenken. Welche sozialpolitischen Schlussfolgerungen daraus zu ziehen wären, ist eine andere Diskussion.

In diesem Sinne: Lasst uns über das Schwangerwerdenkönnen reden![15]

Schwangerwerdenkönnen: nur noch eine Nebensache?

Vor einigen Jahren nahm ich an einem Seminar über weibliche Initiationsriten teil. Dabei ging es um den Austausch zwischen europäischen und afrikanischen Sichtweisen zum Übergang vom Mädchen zur Frau: Wie wird er zelebriert? Welche gesellschaftliche Bedeutung hat er? Zur Vorstellungsrunde sollten alle Teilnehmerinnen einen Gegenstand mitbringen, der für sie das Frauwerden symbolisiert. Alle Afrikanerinnen und auch viele der Europäerinnen hatten etwas mitgebracht, das für den Beginn der Gebärfähigkeit steht – Tampons oder Stoffbinden zum Beispiel. Ich selbst hatte an so etwas überhaupt nicht gedacht. Ich hatte vielmehr ein Foto herausgesucht, das meine Mutter als Baby zeigt zusammen mit ihrer Mutter, ihrer Tante und ihrer Großmutter. Denn für mich hängt Frausein vor allem damit zusammen, sich bewusst in eine weibliche Genealogie zu stellen, also sich zugehörig zum »Geschlecht der Frauen« zu positionieren. Damit, dass ich schwanger werden kann, hingegen – eher nicht so. Zumal ich das noch nicht einmal sicher weiß, ich habe es nämlich nie ausprobiert. Inzwischen habe ich gar keine Gebärmutter mehr, sie wurde mir aus medizinischen Gründen herausoperiert. Das Thema Schwangerwerdenkönnen stand in meinem Leben also nicht groß im Vordergrund, und deshalb fällt es mir auch nicht unbedingt als erstes ein, wenn ich darüber nachdenke, was es bedeutet, eine Frau zu sein.

Ich bin damit keine Ausnahme. Ein Fünftel aller Frauen in Deutschland bleibt heutzutage kinderlos, die meisten aus freien Stücken. Und von den anderen hat jede Dritte nur ein einziges Kind.[1] Es ist also kein Wunder, dass für uns das Frausein nicht mehr viel mit Gebären zu tun hat und wir das »Zur-Frau-werden« nicht unbedingt mit dem Übergang vom (manchmal als geschlechtsneutral imaginierten) Kindheitszustand ins Stadium der Menstruierenden in Zusammenhang bringen. Als wir das Thema einmal auf Facebook diskutierten, schrieb eine: »Ich war zwar ein paar Mal schwanger, aber den größten Teil meines Lebens bin ich es nicht.«

Und genau so ist es. Die allermeisten Frauen sind heutzutage, wenn überhaupt, in ihrem ganzen Leben nur 9 oder 18 Monate lang schwanger; bei einer Lebenserwartung von 80,6 Jahren (Stand 2016 in Deutschland) ist das nicht so richtig viel. Ob jemand schwanger werden kann oder nicht, ist eher unbedeutend im Vergleich zu allem anderen, was so ein Menschenleben ausmacht. Aber das ist nicht immer und überall so (gewesen). Noch bis Anfang des 20. Jahrhunderts waren viele Frauen in Europa zehn Mal oder noch öfter schwanger. Bei einer Lebenserwartung von gerade mal 52 Jahren (um 1900 in Deutschland) befanden sie sich also den Großteil ihres Erwachsenenlebens »in anderen Umständen«. Und das in Zeiten, als die meisten Menschen noch nicht überwiegend im Büro saßen, sondern auf Feldern oder in Haushalten oder in Fabriken schufteten und es daher im Alltagsleben einen viel größeren Unterschied ausmachte, ob man gerade schwanger war, kurz vor der Geburt stand oder kürzlich ein Kind geboren hatte – oder aber ob so etwas im eigenen Leben niemals vorkam und auch gar nicht vorkommen konnte.

Noch etwas anderes hat sich zwischen 1900 und heute verändert: Der Zeitpunkt zwischen Menstruationsbeginn und gesellschaftlich erwünschtem Schwangerwerden ist weit auseinandergerückt. Die Menarche, also der Zeitpunkt der ersten Menstruation, lag in Nordeuropa Ende des 19. Jahrhunderts bei fast 17 Jahren. Im Jahr 1970 war er auf deutlich unter 13 Jahre gesunken. Seither ist der Zeitpunkt zwar relativ stabil und scheint nicht noch weiter zu sinken.[2] Aber gleichzeitig ist das Erstgeburtsalter deutlich nach oben geklettert. Im Durchschnitt ist eine Frau in Deutschland heute bei der Geburt ihres ersten Kindes knapp 30 Jahre alt.[3] Wenn also im Jahr 1900 eine junge Frau mit 17 Jahren das erste Mal menstruierte, war auch der Zeitpunkt einer eventuellen Eheschließung nicht mehr weit. Schwangerwerdenkönnen und tatsächliches Schwangerwerden standen in einem greifbaren zeitlichen Zusammenhang. Heute liegen, statistisch gesehen, 17 Jahre zwischen dem biologischen Beginn des Schwangerwerdenkönnens und dessen tatsächlicher Realisierung. Kein Wunder, dass es so wirkt, als hätte das eine mit dem anderen nichts zu tun.

Aber nicht nur sind Menarche und Schwangerwerden weit auseinandergerückt, noch etwas hat sich verändert: Das Schwangerwerden ist von einer Normalität zur Ausnahme geworden. Man braucht keine Gründe mehr, um zu verhüten, sondern man braucht im Gegenteil einen Grund, um schwanger zu werden oder es – im Fall einer ungeplanten Schwangerschaft – auch zu bleiben. Schwangerwerden ist nichts mehr, was im Lauf eines Lebens halt normalerweise passiert, sondern in aller Regel eine bewusst getroffene Entscheidung. Ich selbst bin ein gutes Beispiel dafür: Ich habe keine Kinder, nicht weil ich mich jemals aktiv gegen Kinder entschieden hätte, sondern weil ich nie einen Grund dafür hatte, welche zu bekommen.[4]

Aber auch wenn das Schwangerwerdenkönnen ganz objektiv nicht mehr den Stellenwert hat, der ihm früher einmal zukam, so ist es doch nicht bedeutungslos. Auch in einem als geburtenschwach geltenden Land wie Deutschland bekommen noch vier von fünf Frauen im Lauf ihres Lebens mindestens ein Kind. Wie groß der Diskussionsbedarf hierzu ist, zeigen die zahlreichen Blogs und Foren, die sich, fast alle von Frauen betrieben, mit dem Thema beschäftigen. Im Alltag vieler Menschen, vor allem aber in dem von Frauen, spielt das Schwangerwerdenkönnen also nach wie vor eine bedeutende Rolle. Die diskursive Leerstelle, die das Thema umgibt, betrifft eher den Bereich der Reflexion, der Politik, der Philosophie, der Sozialwissenschaften.

Eine der häufigsten Reaktionen, wenn ich von diesem Buchprojekt erzählte, war die ungläubige Frage: »Was, ausgerechnet du schreibst ein Buch über das Schwangerwerdenkönnen?« Ja, ausgerechnet ich, die ich doch selbst nie schwanger war! Aber ist es so abwegig, wenn man sich als »nicht Betroffene« mit diesem Thema beschäftigt, zum Beispiel als Politikwissenschaftlerin? Auch die Philosophinnen Fiona Woollard und Elselijn Kingma fanden das merkwürdig und haben an der Universität von Southhampton ein Forschungsprojekt mit dem Titel »Taking Pregnancy Seriously in Methaphysics, Ethics and Epistemology« gestartet. Sie schreiben: »Schwangerschaft wirft wichtige philosophische Probleme auf: Sollte der Fötus als Teil der Mutter betrachtet werden oder wird er von jener lediglich ›umgeben‹? Wenn Personen ein Teil anderer Personen sein können, was bedeutet das für die Verfügungsgewalt über den eigenen Körper und die persönliche Identität? Welche speziellen Rechte und Pflichten bringt der Status des Schwangerseins mit sich? Bedeutet der radikal transformative Charakter des Schwangerseins, dass jene, die niemals schwanger waren, von bestimmten Arten des Wissens über Schwangerschaften und ihre Konsequenzen ausgeschlossen sind?«[5]

Viele Zivilisationen gestalten den Übergang der Menarche bewusst, mit Festen und Initiationsriten, die den Wechsel von der Kindheit ins Erwachsenenalter vollziehen, also von einer Zeit, in der reproduktive Funktionen noch keine Bedeutung haben, hin zu einem Lebensabschnitt, in dem bestimmte Regeln und Gewohnheiten dafür gelten, wie Menschen, die schwanger werden können, und solche, die das nicht können, miteinander umgehen. Dabei werden den Heranwachsenden weibliche, männliche und gegebenenfalls weitere Geschlechtsidentitäten nahegebracht, Wissensstände vermittelt (über Schwangerschaften und Hygiene, Verhütung und Fruchtbarkeit, Sexualität und Gesundheit, Geschlechterbeziehungen und Familie) und symbolische Handlungen vollzogen. In unserer Kultur dagegen werden Mädchen kaum über ihre reproduktiven Fähigkeiten informiert. Selbst Bücher, die sich explizit mit der Pubertät und dem Erwachsenwerden beschäftigen, handeln höchstens von Verhütung und Sexualität; das Schwangerwerdenkönnen an sich wird meist gar nicht thematisiert.[6]

Dass dieser Übergang in der westlichen Kultur heute kaum noch eine Rolle spielt, liegt natürlich auch am Auseinanderdriften von Menarche und tatsächlichem Kinderhaben. Wir betrachten Mädchen von 13, 14 Jahren noch nicht als sexuell aktive Personen, und auch Jugendliche nach der Pubertät noch nicht als potenziell Schwangere. Tatsächlich sind Schwangerschaften in diesem Alter inzwischen selten. Etwa acht von tausend Mädchen werden im Alter von 15 bis 17 Jahren schwanger, drei bis vier davon tragen die Schwangerschaft aus, fünf treiben ab.[7] Einen bestimmten Zeitpunkt, der als bewusst vollzogener Übergang zwischen sexuell nicht aktivem und sexuell aktivem Lebensalter gilt, gibt es nicht mehr. Stattdessen herrscht diesbezüglich ein symbolisches Durcheinander. Schon kleine Kinder werden teilweise in sexualisierte Rollen gedrängt, etwa durch »Mädchen«- oder »Jungen«-Kleidung, die bereits die geschlechtliche Differenz herausstellen. Gleichzeitig inszenieren sich Erwachsene zuweilen kindlich; beispielsweise werden weibliche Körper komplett enthaart oder gar die inneren Schamlippen operativ verkleinert – Maßnahmen, die die Vulva der eines Mädchens ähnlich machen.[8]

So gesehen ist es eigentlich nur konsequent, wenn Queerfeminist*innen heute den Zusammenhang von reproduktiver Fähigkeit und Geschlecht bestreiten. In den vergangenen Jahren abendländischer Kulturgeschichte[9] galt dieser Zusammenhang aber als selbstverständlich: Schwanger werden die Frauen, und die Männer nicht. Viele traditionelle Zeichen symbolischer Weiblichkeit waren direkt mit der reproduktiven Funktion verknüpft. Mädchen vor der Menarche wurden anders gekleidet als junge Frauen, die bereits menstruierten, und unverheiratete Frauen kleideten sich wieder anders als solche, die bereits »unter der Haube« waren. In vielen Gegenden war es üblich, dass Frauen nach der Menopause die Haare nicht mehr lang und offen trugen, sondern in einem Dutt. Durch geschlechtsspezifische Kleidung wurde also nicht einfach nur »Weiblichkeit« dargestellt, sondern sie markierte auch verschiedene Stadien des (noch nicht / schon / nicht mehr) Schwangerwerdenkönnens.

Heute sind diese Unterschiede komplett verschwunden. Es gibt zwar weiterhin »Frauenkleidung« und »weibliches« Aussehen, aber mit Hilfe von Kosmetik und Chirurgie wird versucht, jegliche Information über Alter und Fruchtbarkeit verschwinden zu lassen. Wenn wir heute einer Frau begegnen, interessiert uns nicht ihr reproduktiver Status, wir erwarten von ihrem Aussehen Informationen über ihren beruflichen Status, ihre politische Positionierung, das soziale oder religiöse Milieu.

Über Jahrtausende und in den je nach Kultur unterschiedlichsten Varianten wurden Frauen aufgrund ihrer Fähigkeit zum Schwangerwerdenkönnen unterdrückt, reglementiert, benachteiligt. Kein Wunder also, dass Reproduktionstechnologien eine alte feministische Utopie sind. Von Shulamith Firestone bis Donna Haraway haben Philosophinnen über die Utopie nachgedacht, die reproduktiven Begrenztheiten des Körpers erweitern zu können. Wäre der ganze Gender-Murks nicht abgeschafft, wenn sich die Körperlichkeit des Geburtsvorgangs abschaffen ließe? Wenn dieser greifbare biologische Unterschied, der Menschen einteilt in solche, die schwanger werden können, und solche, die es nicht können, überwunden wäre? »Die Reproduktion der Art allein durch ein Geschlecht zugunsten beider Geschlechter würde durch künstliche Fortpflanzung ersetzt werden (oder zumindest eine freie Entscheidung für oder gegen diese Möglichkeit erlauben): Kinder würden gleichermaßen für beide Geschlechter geboren werden, oder unabhängig von beiden, wie immer man es sehen möchte. … Die Tyrannei der biologischen Familie wäre zerschlagen«,[10] so die Vision von Firestone aus ihrem 1970 erschienenen Manifest »Frauenbefreiung und sexuelle Revolution«.

Anders sieht es die Psychoanalytikerin Antoinette Fouque, Mitbegründerin des MLF (*Mouvement de libération des femmes*), der französischen Frauenbewegung der 1970er Jahre. Ihrer Ansicht nach braucht es vielmehr eine »Gynökonomie«, eine theoretische Auseinandersetzung mit dem schwangeren Körper, um den Uterus (und Menschen, die einen haben) aus der Jahrtausende alten Kontrolle patriarchaler Kultur zu befreien: »Es geht darum, die Schwangerschaft in ihrer ökonomischen und sozialen, aber auch in ihren ethischen und universalisierenden Dimensionen zu berücksichtigen.«[11]

In der Science Fiction ist die Ektogenese, also die Reifung von Embryonen und Föten außerhalb eines menschlichen Körpers, bereits vielfältig ausgemalt worden. Hier verbinden sich feministische und technologische Utopien, etwa im Bereich der Künstlichen Intelligenz, mit der Frage, ob Leben körperlos reproduzierbar sei. Siri Hustvedt zeigt jedoch, wie kurz gegriffen viele dieser Ansätze sind. Zumal die Präsentation des Embryos ohne die Schwangere das zentrale Motiv von Abtreibungsgegner*innen ist. Bilder von Embryonen ohne Gebärmutter suggerieren, dass es sich dabei um ein eigenständiges Wesen handele, das die Gebärmutter der Schwangeren nur als passive Umgebung nutzt. Die Schwangere ist so unwichtig, dass man sie nicht zeigen muss (oder auch durch einen Inkubator ersetzen kann). Diese bildliche Tradition ist alt. Schon 1511 hat Leonardo da Vinci einen Fötus gezeichnet, der in einer aufgeklappten Gebärmutter hockt. Auch bei ihm ist von einer Schwangeren weit und breit nichts zu sehen. Embryonen existieren aber nicht außerhalb einer Gebärmutter. Die spektakulären Fotografien, mit denen der schwedische Fotograf Lennart Nilsson 1965 in seinem Bildband »Ein Kind entsteht« Furore machte und die inzwischen zu Ikonografien der Anti-Abtreibungs-Propaganda geworden sind, zeigen allesamt tote oder sterbende Embryonen,[12] weshalb die Medizinhistorikerin Barbara Duden sie auch einmal als Hochglanzleichenschau bezeichnet hat.[13]

Interessanterweise scheint das tatsächliche Interesse an der Ektogenese aber gar nicht so groß zu sein. Die Biologin Aarathi Prasad widmete in ihrem 2012 erschienenen Buch »Like a Virgin« der Utopie einer externen Gebärmutter noch recht breiten Raum.[14] Ihr Argument ist, dass der Zeitpunkt, ab dem Frühgeborene außerhalb des Körpers der Schwangeren überleben können, immer weiter nach vorn rückt und daher vielleicht irgendwann die befruchtete Eizelle direkt in einen künstlichen Inkubator eingesetzt werden könnte. Tatsächlich geht die Entwicklung aber in eine andere Richtung: Die Technologie wird nicht genutzt, um alle Menschen vom Schwangerwerden zu befreien, sondern im Gegenteil dafür, es allen Menschen zugänglich zu machen. Nicht Inkubatoren wurden entwickelt, sondern Gebärmuttertransplantationen. Die »Gleichmachung« der Geschlechter in Bezug auf das Schwangerwerdenkönnen ist also tatsächlich in Gange, nach momentanem Stand wird sie aber wohl nicht so verlaufen, dass alle mit dem Schwangerwerden aufhören, sondern so, dass alle damit anfangen. Tatsächlich trägt eines der wenigen aktuellen Bücher, die das Schwangerwerdenkönnen auf einer politischen Ebene thematisieren, den Titel »Nicht nur Mütter waren schwanger«.[15] Die Männer, die darin ihre Erfahrungen mit dem Schwangerwerdenkönnen schildern, sind zwar trans[16] – das heißt, sie haben eine Gebärmutter und können auch ohne technische Hilfe schwanger werden –, doch das Narrativ »Männer können schwanger werden« enthält bereits die Utopie für mehr.

Noch etwas anderes ist auffällig. Durch den Hinweis darauf,

dass dieses Thema »auch Männer« betrifft, bekommt es eine Legitimation, die es nicht hätte, wenn es »nur« um Frauen ginge. Ich selbst bemerkte diese Dynamik, als ich in dem Buch den Erfahrungsbericht eines langzeitstillenden trans Mannes, Julien, las.[17] Er hatte keine geschlechtsangleichende Operation vorgenommen und konnte deshalb schwanger werden und ein Kind bekommen. Als »Mutter« empfindet er sich aber nicht, weil dieses Wort für ihn weiblich konnotiert ist. Deshalb möchte er auch nicht von »Muttermilch« sprechen und benutzt stattdessen das Wort »Brustmilch«. Beim Lesen merkte ich, wie sich durch den geschlechtsneutralen Begriff meine innere Vorstellung vom Vorgang des Stillens veränderte. Im Unterschied zu dem Wort »Muttermilch« lenkt »Brustmilch« die Aufmerksamkeit nämlich nicht auf das *Geschlecht* der Milch gebenden Person, sondern auf das dabei involvierte *Körperteil.* Man denkt unweigerlich darüber nach, ob Brustmilch Vor- oder Nachteile hat im Vergleich zu Kuhmilch oder Flaschenmilch, und nicht – wie beim Begriff »Muttermilch« – darüber, ob Kinder besser von ihren Müttern oder von anderen Personen gestillt werden sollten, und ob Weiblichkeit in dem Zusammenhang ein relevanter Faktor ist.

Die Frage nach dem Zusammenhang von Biologie und Geschlecht wird im Feminismus heute sehr kontrovers diskutiert. Queerfeminist*innen möchten ihn ganz auflösen, traditionelle »Radikalfeministinnen« hingegen treten für die Anerkennung einer körperlich konstituierten Weiblichkeit ein. Manche dieser Gruppen sind nur für cis Frauen offen, weshalb ihnen auch vorgeworfen wird, »trans-exclusionary« zu sein, also trans Frauen auszuschließen. Doch vielen der heute als »trans exclusionary radical feminists« (»TERFS«) Bezeichneten geht es nicht darum, trans Frauen ihre Weiblichkeit abzusprechen, sondern sie befürchten, dass die körperlich differenten Erfahrungen von Frauen nivelliert werden, wenn man sie sprachlich unsichtbar macht. Das betrifft besonders das Schwangerwerdenkönnen.

Auf einen Vorschlag des britischen Außenministeriums im Oktober 2017, die Vereinten Nationen sollten in einem Abkommen nicht von »schwangeren Frauen«, sondern von »schwangeren Personen« sprechen, schrieb die Autorin Sarah Ditum: »Einen weiblichen Körper zu haben und zu wissen, was das in Bezug auf Fortpflanzung bedeutet, macht dich nicht ›exclusionary‹. Uns zu zwingen, rigoros jeden Bezug auf unser Geschlecht auszumerzen bei Androhung, ansonsten fanatisch genannt zu werden, ist eine Beleidigung.«[18]

Im vorliegenden Essay wird hoffentlich deutlich, dass hinter dieser Auseinandersetzung ein realer Widerspruch steht. Ein Abkommen über reproduktive Rechte, das von »schwangeren Personen« spricht, würde ja tatsächlich verschleiern, dass es sich bei nahezu allen Betroffenen um Frauen handelt, entsprechenden Missständen also dezidiert Frauenfeindlichkeit zugrunde liegt und nicht bloß »Schwangerenfeindlichkeit«. Deshalb spricht auch Kristina Hänel in Bezug auf die aktuellen Debatten um den § 219a von »Frauen«, denen Informationen zum Schwangerschaftsabbruch vorenthalten werden.[19] Von einigen wurde sie dafür scharf als transfeindlich kritisiert;[20] ähnlich sieht es aber auch Erica Millar in ihrem Buch über die Narrative des Abtreibungsdiskurses, die »nur verständlich werden, wenn man sie im Kontext der kulturellen Bedeutungen von Weiblichkeit begreift. Das Argument, die kulturelle Repräsentation der Abtreibung sei weiblich konnotiert, ist nicht das Gleiche wie die Behauptung, nur Frauen hätten Abtreibungen.«[21]

Aus genau demselben Grund schreibe ich jedoch in diesem Essay in der Regel *nicht* von Frauen, sondern von Menschen, die schwanger werden können – weil ich mich hier der Realität des Schwangerwerdenkönnens *jenseits* klassischer Narrative nähern möchte. Nicht in der Hoffnung, dann die »Wahrheit« der Angelegenheit zu erkennen, was natürlich nicht möglich ist, sehr wohl aber in der Hoffnung, dass es uns vielleicht besser gelingen könnte, neue, freiheitlichere Narrative zu entwickeln.

Angesichts der symbolischen Unordnung, die die patriarchale Geschlechterordnung verursacht hat, hat die Historikerin Joan W. Scott feministische Analysen einmal als notwendigerweise paradox beschrieben.[22] Sie bezog sich dabei auf das Paradox, dass Frauen, um ihre Gleichheit mit den Männern zu erkämpfen, die Unterschiede zwischen Frauen und Männern sichtbar machen müssen. Ähnlich paradox geht es auch bei unserem Thema zu: Zu sagen, dass »Frauen schwanger werden können« ist genauso falsch, wie zu sagen, dass »Frausein und Schwangerwerdenkönnen nichts miteinander zu tun hat«. Notwendig ist es vielmehr, in diesem Kuddelmuddel sinnvoll zu navigieren und dabei die »Repronormativität«, also die Überladung der biologischen Vorgänge der Reproduktion mit normativen Vorstellungen von Geschlecht zu demonstrieren – so wie es etwa Maggie Nelson in ihrem großartigen Buch »Die Argonauten« tut, wo sie ihre eigene Schwangerschaft gemeinsam mit der geschlechtlichen Transition ihres Partners reflektiert.

Unbestreitbar ist die reproduktive Ungleichheit der Menschen eine Herausforderung. »Schwangerschaft / Mutterschaft / Elternschaft stellen Verflechtungen massiv naturalistisch und (bio-)politisch aufgeladener Diskurse dar, denen sich eins nicht so leicht entgegenstellen kann. Hier fallen heteronormative, zweigeschlechtliche und reproduktive Logiken komplex ineinander und produzieren Verhältnisse und Zustände, die uns *völlig natürlich* erscheinen können«,[23] schreibt Joke Janssen. Es besteht immer die Gefahr, dass wir Dinge naturalisieren, weil wir uns an sie gewöhnt haben und uns gar nichts anderes mehr vorstellen können. Aber es genügt nicht, diese Schwierigkeit festzustellen und dann möglichst wenig zu sagen, damit man nur ja nicht in die Naturalisierungsfalle tappt.

Der schwierige Umgang mit der »Weiblichkeit« des Schwangerwerdenkönnens verweist auf das generelle Dilemma, vor dem wir im Rahmen einer patriarchalen symbolischen Ordnung stehen: Es ist fast nicht möglich, Erfahrungen, die vorwiegend

Frauen machen, als Erfahrungen zu beschreiben, die von allgemeinem Interesse sind. Genau das wäre aber in Bezug auf das Schwangerwerdenkönnen nötig: Über Differenzen (auch, jedoch nicht nur, über Geschlechterdifferenzen) so zu sprechen, dass sie nicht stereotyp und ausschließend wirken, sondern die Vielfalt von Optionen sichtbar machen. Weibliche Erfahrungen wären dann als allgemeine menschliche Erfahrungen qualifiziert, die »Weiblichkeit« einer Erfahrung hätte keine ausschließende Wirkung für andere Geschlechter. Es wäre die noch ungewohnte Idee, dass Männer von etwas »Weiblichem« ebenfalls betroffen sein können, auch ohne dass sie sich die Angelegenheit sofort als »genuin männlich« einverleiben müssen. Man könnte über das Schwangerwerdenkönnen und Gebären als eine allgemein menschliche Thematik sprechen, ohne zugleich behaupten zu müssen, dass Schwangerwerdenkönnen *überhaupt nichts* mit Geschlecht zu tun hätte oder eine *ganz genauso männliche* wie weibliche Angelegenheit wäre.

»Feminism is the radical notion that women are people«, heißt es. Dass Frauen schwanger werden können, bedeutet nichts anderes, als dass *Menschen* schwanger werden können. Nur eben nicht alle.

Kleine Biologie des (nicht) Schwangerwerdenkönnens

In der Fernsehserie »Orange is the new black«, die in einem Frauengefängnis spielt, gibt es eine Liebesgeschichte zwischen der Inhaftierten Daya und dem Wärter John. Sie hatten Sex, Daya ist schwanger. Gegen Ende der zweiten Staffel fordert Daya John auf, öffentlich zu seiner Vaterschaft zu stehen, aber er hat Angst, weil er höchstwahrscheinlich selbst im Knast landen würde, denn Sex zwischen Wärtern und Inhaftierten gilt als Vergewaltigung. Daraufhin bietet Daya, die die Heimlichtuerei nicht mehr möchte, ihm eine Alternative an: Er könne die Beziehung beenden, sie würde nichts verraten. Er sagt entrüstet: »Do you think I would walk away from my child?« Sie antwortet: »Wenn mir jemand die Möglichkeit geben würde, würde ich das mit Sicherheit in Erwägung ziehen.« Es ist klar: Daya hat diese Möglichkeit, »to walk away from her child« – von ihrem Kind wegzugehen – eben nicht. Denn das Kind ist nun einmal in ihrem Bauch.

Schwangerschaften sind Beziehungen nach Art des »Zwei in einer«, sie sind aus körperlichen, biologischen Gründen unauflöslich. Das Schwangerwerdenkönnen produziert innerhalb menschlicher Gesellschaften zwei krasse Verhältnisse der Ungleichheit: erstens die Ungleichheit zwischen der Schwangeren und dem im Entstehen begriffenen Wesen in ihrer Gebärmutter, und zweitens die Ungleichheit zwischen Menschen, die schwanger werden können, und solchen, die es nicht können. Beides sind keine sozialen Übereinkünfte, sondern biologische Tatsachen.

Mit dieser Art von Ungleichheit kann unsere Philosophie, die über Jahrtausende fast ausschließlich von Männern geprägt wurde – von Menschen, die nicht schwanger werden können – nichts anfangen. Ungleichheit tritt in ihrer Vorstellungswelt nur in Form von Norm und Abweichung auf und führt zwingend zu Herrschaft oder Streit und Krieg.

Die Ungleichheit der Menschen ist aber nicht per se ein Problem, sondern nur für symbolische Systeme, die mit Ungleichheit nicht sinnvoll umgehen können und sie deshalb als bedrohlich empfinden.[1] Ungleichheit ist in Wirklichkeit eine unverzichtbare Voraussetzung für Austausch, Fruchtbarkeit, Fortschritt. Sicher, sie führt auch zu Konflikten, aber das ist nur ein Problem innerhalb einer symbolischen Ordnung, die Politik als Verfahren unter »Gleichen« definiert hat.[2]

Was man als gleich und was als ungleich definiert, ist natürlich bis zu einem gewissen Grad Ansichtssache. Es ist durchaus möglich, auch Personen als »Gleiche« zu betrachten, egal ob sie nun schwanger werden können oder nicht. Ein verbreiteter sprachlicher Trick, mit dem das heute versucht wird, lautet: »Der Mann zeugt das Baby, die Frau trägt es aus.«[3] Das klingt schön nach Halbe-Halbe, der eine macht dies, die andere das, Teamwork! Es ist aber schlichtweg falsch. Denn es zeugt ja keineswegs »der Mann« das Baby, sondern das tun beide zusammen: Sie liefert die Eizelle, er das Sperma. Die *Zeugung* eines Babys ist in der Tat ein egalitärer Akt, etwas, das zwei Menschen miteinander vollbringen. Das war es dann aber auch schon. Für die Person, die durch den Sex schwanger geworden ist, fängt die Sache jetzt erst an. Ein anderes Wesen ist nun Teil ihres Körpers. Ein Wesen, das das Potenzial hat, ein neuer Mensch zu werden.

Rein biologisch betrachtet ist der männliche Beitrag zum

»Kindermachen« dem weiblichen weder ebenbürtig noch komplementär. Es dürfte Hunderttausende Männer geben, deren Sperma irgendwo zu einer Schwangerschaft geführt hat, ohne dass sie davon einen blassen Schimmer haben. Schon in der Tora findet sich die Erzählung von Lots Töchtern, die mit ihrem Vater allein in einem abgelegenen Gebirge leben, wo es keine Männer gibt. Also machen sie ihn betrunken und lassen sich beide von ihm schwängern.[4] Eine heutige Variante dieser Geschichte wäre vielleicht das One-Night-Tinder-Date, das man zu Sex ohne Kondom überredet. Einen besonders grenzwertigen Fall von unfreiwilliger Zeugung schildert Christina von Braun: »2014 ließ sich die Israelin Chen Shavit vom Samen eines Verstorbenen schwängern. Der Vater des Kindes war bei einem Autounfall ums Leben gekommen ... Die Eltern hatten ihrem Sohn das Sperma entnehmen lassen, als dieser im Koma lag. (Bis zu 72 Stunden nach dem Tod ist es noch möglich, Sperma und Eizellen zu entnehmen und einzufrieren.) Dann gingen sie auf die Suche nach einer geeigneten Schwiegertochter. Mehrere Jahre nach dem Tod des Sohnes wurden sie fündig.«[5]

In Deutschland ist die post mortem-Zeugung gesetzlich verboten – 2017 verwehrte das Oberlandesgericht München einer Witwe die Befruchtung mit dem Sperma ihres verstorbenen Ehemannes.[6] Aber an diesen Beispielen wird anschaulich: Eine aktive Beteiligung der Person, die das Sperma beisteuert, ist für die Zeugung eines Kindes nicht notwendig. Das einzige, was von einem Samengeber benötigt wird, ist eine kleine Menge Körpermaterial, das zudem ohne gesundheitliche Risiken nichtinvasiv gewonnen werden kann. Wenn niemand den Samengeber über eine eventuell eingetretene Schwangerschaft informiert, wird sein weiteres Leben völlig unberührt davon verlaufen.

Im umgekehrten Fall, dass nämlich jemand »geschwängert« wird, sieht die Sache völlig anders aus. Das, was nach der Zeugung eines Kindes geschieht, lässt sich nicht mehr im Paradigma der Gleichheit erzählen. Umso schlimmer, wenn jemand gegen den eigenen Willen in diesen Zustand gebracht wird, etwa durch eine Vergewaltigung. Im Januar 2019 wurde ein Fall bekannt, bei dem eine Frau, die seit 14 Jahren im Wachkoma lebt, ein Kind zur Welt brachte – wer sie vergewaltigt hat, war zunächst unklar.[7]

Für eine andere Form der sexualisierten Gewalt, die für die Opfer das Risiko einer ungewollten Schwangerschaft nach sich zieht, gibt es inzwischen ein eigenes Wort: Stealthing. Es bedeutet, dass jemand während des Geschlechtsverkehrs heimlich das Kondom abzieht. Im Dezember 2018 hat erstmals ein deutsches Gericht darüber entschieden, wie Stealthing zu bestrafen sei. Ein 37 Jahre alter Polizist hatte eine 21 Jahre alte Kollegin ohne Kondom von hinten penetriert, obwohl sie ausdrücklich nur Sex mit Kondom zugestimmt hatte. Die Richter entschieden, dass es sich dabei nicht um eine Vergewaltigung gehandelt habe, sondern nur um einen »sexuellen Übergriff«, da der Geschlechtsverkehr an sich einvernehmlich war.[8] Ob Frauen legal abtreiben dürfen, wenn sie gewaltsam schwanger gemacht worden sind, wird immer noch kontrovers diskutiert. Zwar lassen auch die meisten Länder, in denen Abtreibung eigentlich verboten ist, im Fall von Vergewaltigungen Ausnahmen zu. Aber nicht alle. Und in manchen Ländern – etwa Polen oder Brasilien – gibt es Absichten, diese Ausnahme wieder abzuschaffen.

Die körperliche Belastung einer Schwangerschaft, die bei den Menschen liegt, die eine Gebärmutter haben, muss sich im Übrigen – dies nur zur Komplettierung – nicht notwendigerweise bewusst abspielen. Schätzungsweise 270 Babys werden jedes Jahr in Deutschland geboren, deren Mütter erst bei der Geburt realisieren, dass sie schwanger sind. Das Phänomen heißt »Gravitas suppressalis«[9], also eine Schwangerschaft, deren Wahrnehmung von der betroffenen Frau unterdrückt wird – aber bei rund 800.000 Geburten im Jahr ist das natürlich eine winzige Minderheit.

Der körperlich-biologische Beitrag zur Entstehung eines neuen Menschen ist aber nicht nur eklatant ungleich in dem Sinne, dass die einen dabei fast alles machen und die anderen praktisch nichts. Die beiden an der Zeugung Beteiligten können auch nicht darüber bestimmen, wer von ihnen schwanger wird. Es ist eine biologische Tatsache, dass es *immer* die Person mit der Gebärmutter und den Eierstöcken sein muss. Niemals kann es die Person mit Prostata, Hoden und Penis sein. Und wenn die beiden zusammen zehn Kinder hätten, könnten sie sich die Arbeit nicht teilen.

Anders sieht es natürlich bei lesbischen Paaren aus. Wenn zwei Menschen, die beide schwanger werden können, ein Paar bilden, können sie sich in der Tat abwechseln, sie können auch gleichzeitig schwanger sein oder sich sogar eine Schwangerschaft untereinander aufteilen.[10] Sie brauchen nur etwas Sperma von einer dritten Person, das sie sich theoretisch einfach im Internet bestellen können (was in letzter Zeit allerdings gesetzlich erschwert wird).[11] Über 90 Prozent aller homosexuellen Elternpaare sind lesbisch.

Es ist also ziemlich absurd, wenn über die Ehe von schwulen und lesbischen Paaren heute in einem Atemzug diskutiert wird, so als sei der Sachverhalt mehr oder weniger derselbe. Was das Schwangerwerdenkönnen angeht, so sind es komplett unterschiedliche Angelegenheiten: Während das reproduktive Potenzial lesbischer Paare größer ist als das von heterosexuellen – im Prinzip können beide schwanger werden[12] –, müssen zwei Menschen ohne Gebärmutter, wenn sie Kinder haben wollen, Reproduktionstechnologie in Anspruch nehmen. Sie müssen eine Eizellenspenderin finden und eine Frau, die bereit ist, neun Monate für sie schwanger zu sein und ein Kind zu gebären. Dass für Frauen, die nicht mit einem Mann in einer Beziehung sein möchten, der Zugang zu qualitativ guten Samenspenden ein Hindernis darstellt, ist rein sozial bedingt. Es liegt ausschließlich an gesellschaftlichen Schranken und Verboten und ließe sich leicht ändern. Dass hingegen Menschen ohne Gebärmutter keine Kinder zur Welt bringen können, ist eine biologische Tatsache; die Gesellschaft kann dafür nichts.

Schwanger sein und Gebären ist nicht nur ein körperlich beanspruchender und einschränkender Prozess, sondern auch eine durchaus gesundheitsgefährdende Angelegenheit. Noch vor gut hundert Jahren lag die Müttersterblichkeitsrate in Deutschland bei über 20 von 10.000 Geburten, wobei das Risiko von Kind zu Kind wächst.[13] Von hundert Frauen, die jeweils zehn Kinder zur Welt brachten (was damals keine Seltenheit war), sind also wahrscheinlich um die zwei gestorben. Die Situation hat sich zum Glück zumindest in reichen Ländern wie Deutschland stark verbessert. Hierzulande liegt die Todesrate von Schwangeren nur noch bei 1 von 10.000 Geburten (in den USA bei 2,5). Doch auch das ist immer noch nicht nichts: Es bedeutet, dass jedes Jahr knapp 80 Frauen in Deutschland sterben, weil sie schwanger geworden sind. Gerade bei diesem Thema zeigt sich ein sehr großes Gefälle je nach sozialer Lage oder Weltregion: So ist die Sterblichkeitsrate bei der Geburt in den USA unter Schwarzen Frauen deutlich höher als unter weißen.[14] Weltweit sterben jedes Jahr 300.000 Frauen an Komplikationen während der Schwangerschaft, 99 Prozent davon leben in armen Ländern. In den ärmsten Regionen überlebt eine von 260 Schwangeren (das sind rund 40 von 10.000) die Geburt ihres Kindes nicht.

Aber auch ohne lebensbedrohlich zu sein, bergen Schwangerschaften und Geburten ein beachtliches Gesundheitsrisiko – vom Dammriss über Rückenschmerzen und Inkontinenz bis zur Depression. Kiera Butler zitiert in ihrem Text »The Scary Truth about Childbirth« unter anderem eine kanadische Studie, wonach die Hälfte aller Mütter auch noch ein Jahr nach der Geburt über Blasenschwäche und mehr als drei Viertel über Rückenschmerzen klagten.[15] Bis zu 14 Prozent der Schwangeren entwickeln Diabetes, die zwar meist nach der Geburt wieder zurückgeht, aber nicht immer.[16] Auch hoher Blutdruck ist während Schwangerschaften häufig, er kann auch ein Hinweis auf eine drohende Eklampsie sein, eine schwere Komplikation, die mit ernsten Symptomen einhergeht und zum Tod führen kann; sie tritt bei rund 1 von 2000 Schwangerschaften auf.[17] Insgesamt sind die mit Schwangerschaft und Geburt verbundenen Risiken für die körperliche Gesundheit der Betroffenen erstaunlich schlecht dokumentiert. Da es sich, wie gesagt wird, um eine »ganz natürliche Sache« handelt, scheint man als Person, die mit den entsprechenden Organen ausgestattet ist, ohnehin keine Wahl zu haben. Wozu also sich mit Risiken und Nebenwirkungen beschäftigen?

Auch der soziale Status hat großen Einfluss. So kommen ungeplante Schwangerschaften deutlich häufiger bei Frauen ohne berufliche Bildung und bei armen Frauen vor. Während in Deutschland 40 Prozent der Schwangerschaften von Frauen mit einem Nettoeinkommen von weniger als 1000 Euro im Monat eher ungeplant sind, trifft das bei Frauen mit einem Nettoeinkommen von über 1600 Euro nur zu 10 Prozent zu.[18] Sich plötzlich in einer Schwangerschaft wiederzufinden, auf die man nicht vorbereitet war, ist zwar einerseits ein Geschlechterthema – insofern es nur Menschen mit einer Gebärmutter betreffen kann. Andererseits ist es aber keineswegs unabhängig von sozialen Kontexten: Je nachdem, wie gebildet oder wie alt eine Frau ist und über wie viel Geld sie verfügt, hat sie nicht nur bessere oder schlechtere Möglichkeiten, mit solch einer Situation umzugehen, wenn sie denn eingetreten ist. Es ist auch mehr oder weniger wahrscheinlich, ob ihr eine ungeplante Schwangerschaft überhaupt passiert.

Eine Kultur der Klage über die negativen Aspekte des Gebärens gibt es kaum. Zwar wurde in letzter Zeit, angestoßen durch das gleichnamige Buch von Orna Donath, darüber diskutiert, dass manche Frauen es bereuen, Mutter geworden zu sein.[19] Aber in Bezug auf Schwangerschaft und Geburt selbst herrscht noch weitgehende Sprachlosigkeit. Als ich während meiner Beschäftigung mit dem demografischen Wandel vor einigen Jahren Literatur zu der Frage sichtete, warum so viele Frauen nur ein einziges Kind bekommen, fand ich in der Literatur jede Menge Erklärungen und mögliche Ursachen.[20] Es fehlte allerdings eine, die ich von mehreren Bekannten und Freundinnen auf diese Frage bekommen hatte: Sie wollten kein zweites Kind, weil die Geburt des ersten für sie so schrecklich war, dass sie das nicht noch einmal erleben wollten.

Natürlich gibt es auch andere Stimmen. Viele Frauen erleben gerade den körperlichen Aspekt einer Schwangerschaft als beglückend. Reproduktionskliniken werben sogar um potenzielle »Surrogates«, also Tragemütter,[21] mit der Aussicht, »die Erfahrung noch einmal durchleben zu können ohne ihre eigene Familie dadurch zu vergrößern.«[22] Die französische Psychoanalytikerin Antoinette Fouque spricht von einer »Libido creandi«, einer schöpferischen Libido also, die sich im Schwangersein ausdrücke.[23] Manche Frauen schildern die Zeit der Schwangerschaft und die Erfahrung des Gebärens als geradezu transzendentes Erlebnis.[24] Man kann also keine allgemeingültige Aussage darüber machen, was Schwangerschaft und Geburt bedeuten, denn Schwangere erleben diesen Zustand ganz unterschiedlich. Obwohl für die eine das Schwangersein die beste Zeit ihres Lebens war, kann es für die andere dennoch eine grässliche Erfahrung gewesen sein – und in den allermeisten Fällen ist es vermutlich irgendetwas dazwischen.

Was aber ist nun mit den Samengebern, also jenen Menschen, die selbst nicht schwanger werden können, aber das Sperma beisteuern? Der Versuch, sie »gleichberechtigt« in den Prozess der Reproduktion einzubeziehen, kann nicht aufgrund von biologischen Argumenten geschehen. Denn ihr weiterer Beitrag nach der Samenspende ist kontingent, das heißt, es kann ihn geben, muss aber nicht. Dieser Umstand ist anzuerkennen, um dann davon ausgehend kulturelle Wege zu gestalten, die auch diejenigen Menschen in den (sozialen) Prozess von

Schwangerschaft und Geburt einbeziehen, die selbst nicht qua Biologie automatisch Teil davon sind. Das betrifft ja nicht nur Väter. Auch die Beteiligung jeder anderen Person außer der Schwangeren ist für eine Geburt, biologisch gesehen, nicht notwendig. Natürlich ist es wünschenswert, dass Schwangere Hilfe und Unterstützung bekommen, ob nun vom Samengeber oder von einer Hebamme, von Freundinnen und Nachbarn oder sonst wem. Aber das alles muss sozial vermittelt und durch gesellschaftliche Regeln sichergestellt werden, denn es ist kein zwangsläufiger Bestandteil des biologischen Prozesses.

Noch vor gar nicht langer Zeit blieben Väter ja bei Geburten fast gänzlich außen vor, sie wurden erst in das Geburtszimmer hineingelassen, wenn man ihnen ein gestriegeltes und gebügeltes Neugeborenes entgegenstrecken konnte. Heute nehmen viele Männer aktiv an Schwangerschaft und Geburt teil. Es besteht ein starker Wunsch von Paaren, die Beteiligung des Vaters durch soziale Rituale zu gewährleisten. Viele gehen schon mit zu Geburtsvorbereitungskursen, und das väterliche Durchschneiden der Nabelschnur ist fast schon so etwas wie ein Ritual geworden. Es hat ausdrücklich den Zweck, den Samengeber aktiv in den Prozess einzubinden, gewissermaßen seiner Vaterschaft einen körperlichen Aspekt zu verleihen. Oder, wie es die Nutzerin »mamaglueck2« in einem Internetforum schreibt: »Wir Frauen machen alles, die Geburt ... die Männer stehen immer nur außen und schauen zu, wenn sie das Kind dann selbst ein Stück näher in die Welt kommen lassen durch das Durchtrennen, fühlen sie sich beteiligt.«[25] Solche sozialen Rahmenbedingungen und kulturellen Praxen können aber nicht nur Väter, sondern auch Co-Elternteile unterschiedlichen Geschlechts oder andere Menschen (Hebammen, Ärzte, Großeltern, Freund*innen) in den Ablauf einer Schwangerschaft und Geburt einbeziehen.

Da alles dies keiner biologischen Notwendigkeit folgt, können all diese Beziehungen jederzeit wieder aufgekündigt werden, wenn etwas Wichtigeres ansteht – wie zum Beispiel die Wahl eines Ministerpräsidenten: »Der hessische Grünen-Abgeordnete Daniel May hatte für die erste Landtagssitzung sogar auf die Geburt seiner Tochter verzichtet«, schrieb n-tv mit unfreiwilliger Komik über einen Politiker, der an einer Abstimmung teilnahm, während seine Frau ein Kind zur Welt brachte.[26] Auf eine Geburt »verzichten« kann nur jemand, der selbst nicht schwanger ist. Schwangere können die Geburt höchstens ein wenig aufschieben, so wie die britische Abgeordnete Tulip Siddiq. Sie entschloss sich, den geplanten Kaiserschnitt einen Tag später als geplant anzusetzen, um an der Brexit-Abstimmung am 15. Januar 2019 teilnehmen zu können.[27]

Historisch waren nicht die Samengeber, sondern andere Frauen im Alltag die wichtigsten Unterstützerinnen von Schwangeren und Neugeborenen. Manche Evolutionstheorien führen darauf sogar den Umstand zurück, dass es bei Menschen eine Menopause gibt, also einen Zeitpunkt, an dem die Fähigkeit, selbst schwanger zu werden, endet: Kinder von Müttern, die von einer älteren Frau unterstützt wurden, hatten bessere Überlebenschancen. Auch junge Frauen vor der Heirat sind in vielen Kulturen mit für die Versorgung von Kindern zuständig.[28] Heute spielen Großmütter und teilweise auch Großväter in vielen Familien mit kleinen Kindern erneut eine wichtige Rolle bei der Bewältigung des Alltags, vor allem in Regionen ohne gute Kinderbetreuungs-Infrastruktur.[29] Allerdings gibt es kaum nennenswerte kulturelle Bemühungen zur Würdigung ihres Beitrags.

Doch egal ob es um Väter, um Großeltern oder um andere Personen geht und egal wie genau ihre Beteiligung ausgestaltet wird – ihre Beiträge sind etwas grundlegend Anderes als die Beteiligung der Schwangeren selbst. Die Rahmenbedingungen für die Mitwirkung aller anderen Personen an Schwangerschaft und Geburt sind grundsätzlich frei gestaltbar, sie sind nicht notwendig, höchstens wünschenswert, und sie können immer so oder auch anders ausfallen. Sie unterscheiden sich von Kultur zu

Kultur und haben sich im Lauf der Zeit immer wieder gewandelt. Einzig und allein die Beteiligung der Schwangeren selbst ist eine biologische Notwendigkeit. Sie ist nicht verhandelbar.[30]

Patriarchale Kulturen verstärken diese Notwendigkeit allerdings kulturell, indem sie aus einem *biologischen* Zwang (die Schwangere muss bei der Geburt anwesend sein) die Legitimation ableiten, von ihr auch *soziale* Opfer zu verlangen. In Deutschland steht zum Beispiel in § 219 des Strafgesetzbuchs, dass »ein Schwangerschaftsabbruch nur in Ausnahmesituationen in Betracht kommen kann, wenn der Frau durch das Austragen des Kindes eine Belastung erwächst, die so schwer und außergewöhnlich ist, dass sie die zumutbare Opfergrenze übersteigt.«[31]

Wer schwanger ist, wechselt nach dieser Logik in einen anderen staatsbürgerlichen Status: Eine Schwangere ist kein freier Bürger, sondern sie muss »Opfer« bringen, nämlich ihren eigenen Körper der Allgemeinheit und deren Interessen zur Verfügung stellen. Hier schließt die Anti-Abtreibungs-Debatte direkt an bevölkerungspolitische Logiken an, die weibliche Körper »als Ressource für die nationale Entwicklung«[32] betrachten, wie es die Gender-Studies-Professorin Andrea Petö im Blick auf die aktuellen Entwicklungen in Ungarn sagt.

Die Juristin Nina Straßner hat darauf hingewiesen, dass in Bezug auf die die körperliche Selbstbestimmung von Schwangeren völlig andere ethische Maßstäbe angelegt werden als bei anderen Menschen: »›Ich bin ungewollt schwanger, ich möchte nicht gebären‹ ist allen Ernstes in unserer Rechtsordnung ›Unrecht‹. ›Ich möchte kein Blut spenden, selbst wenn jemand neben mir gerade stirbt und ich seine einzige Rettung bin‹ fällt jedoch glasklar unter das Recht auf körperliche Selbstbestimmung.«[33] Der gesetzliche Zwang zum Austragen eines Kindes wird nicht als problematisch empfunden, weil Schwangere in eine andere Kategorie von Mensch fallen: Sie werden nicht als autonome Individuen gesehen, sondern im Schwangersein fließen nach dieser Logik Weiblichkeit und Opferbereitschaft prinzipiell ineinander.

Das Schwangerwerdenkönnen ist als biologisches Phänomen den Individuen unverfügbar. Wir können es uns nicht aussuchen, ob wir bei unserer Geburt zu derjenigen Gruppe gehören, die schwanger werden kann, oder zu der anderen. Das ist eine narzisstische Kränkung für den modernen, autonomen, selbstbestimmten Menschen. Ich zum Beispiel habe immer damit gehadert, dass ich mit Gebärmutter geboren wurde, weil ich nicht schwanger sein und gebären wollte, aber gegen das Elternsein nicht unbedingt etwas gehabt hätte. Ich beneidete Männer darum, dass sie das Schwangersein den Frauen überlassen können. Ich hätte zwar auch lesbische Co-Mutter werden können, aber auf diese Idee kam ich nicht, weil das Phänomen »Lesbe« auf dem Dorf damals (zumindest für mich) nicht sichtbar war.[34]

Das Beispiel zeigt, wie körperliche Verfasstheiten nicht nur für sich selbst stehen, sondern immer mit sozialen Verhältnissen korrespondieren: Wie groß die persönliche Einschränkung von Menschen ist, die auf einen Rollstuhl angewiesen sind, hängt nicht nur von der Qualität des Rollstuhls ab, sondern auch davon, wie viele Rampen und Aufzüge es gibt. Genauso ist es mit dem (nicht) Schwangerwerdenkönnen: Der biologische Unterschied ist real, aber was für Auswirkungen er hat, entscheidet sich auch daran, wie wir das Schwangerwerdenkönnen sozial organisieren.

Man kann die biologischen Zwänge, die sich aus der reproduktiven Differenz ergeben, durch kulturelle Strukturen verstärken oder aber abmildern. Ganz verschwinden wird diese Differenz aber niemals. Es bleibt eine Tatsache, dass Menschen unterschiedliche Körper haben und kein Körper alles kann. Menschliche Körper sind eine Balance aus sehr vielen Faktoren, und sehr häufig ist es so, dass eine Verbesserung an der einen Stellschraube eine Verschlechterung an einer anderen bewirkt. Die reproduktive Differenz ist dafür das Paradebeispiel: Man kann nicht gleichzeitig ein Mensch sein, der schwanger werden kann, und einer, der nicht schwanger werden kann. Beides hat Vor- und Nachteile. Daher ist die reproduktive Differenz etwas Wertvolles: Sie beherbergt das Wissen, dass es keine optimale Version von Menschsein gibt, sondern nur Varianten. Die Erfahrung des einen kann nicht die Erfahrung der anderen sein. Kein Mensch hat alle Erfahrungen. Menschsein ist pluralistisch, und niemand ist »normal«.

Dass wir materielle, körperliche Wesen sind heißt auch: Es gibt Sachverhalte, die wir nicht ändern können. Die Körper, die schwanger werden können oder nicht, sind real vorhanden und verlangen danach, in der Politik berücksichtigt zu werden. Dazu gehört insbesondere die Anerkennung der Tatsache, dass eine Schwangerschaft unmöglich von der schwangeren Person getrennt werden kann. Was bei jeder anderen Beziehung möglich ist – »to walk away«, wegzugehen –, ist hier nicht möglich. Die Beziehung der Schwangeren zu dem Wesen in ihrem Körper ist im Kern eine biologisch-materielle. Kulturtechniken, die für sozial vermittelte Beziehungen gültig sind, sind hier nicht anwendbar.

Für diese Art der Bezogenheit, die sich im Schwangersein zeigt, müssen eigene Überlegungen angestellt werden, die die Materialität dieser Notwendigkeit anerkennen. »Der schwangere Körper widerspricht der westlichen Ontologie, die von einem begrenzten, autonomen Selbst ausgeht, und wird falsch repräsentiert, wenn er als ein oder zwei Menschen dargestellt wird. Er ist weder das eine noch das andere«,[35] schreibt Erica Millar.

Die Frage, wie die für Schwangere charakteristische Existenzform des »Nicht eins, nicht zwei« ethisch, moralisch, juristisch zu denken sei, steht im Zentrum der Auseinandersetzungen um die körperliche Selbstbestimmung schwangerer Menschen. Der für seine polemischen Internetkolumnen bekannte Rechtswissenschaftler Thomas Fischer hat es in einer Auseinandersetzung mit feministischen Positionen zur Abtreibung geschrieben:

»Das Eigentliche ist die Frage, ob ein Embryo nun eigentlich ein ›Mensch‹ ist oder wenigstens ein ›werdender‹. Denn wenn Letzteres der Fall ist, kann er eigentlich nicht zugleich nur Teil des Body der Schwangeren sein.«[36]

Fischer wirft Feministinnen vor, hier keine kohärente Antwort zu haben und sich stattdessen in »kunstvolle Antworten« zu flüchten, die sich »gern im Wolkigen verlieren«. In Wahrheit kann er aber bloß nicht verstehen und sich nicht vorstellen, dass ein »werdender Mensch« *gleichzeitig* »Teil des Body der Schwangeren« sein kann. Für ihn – wie für viele andere – ist das ein Widerspruch. Sie können sich die Situation nur als Entweder-oder denken: Entweder der Embryo ist eine eigenständige Entität, dann gelten für ihn sämtliche Menschenrechte, und Abtreibung ist Mord. Oder aber er ist Teil des Körpers der Schwangeren, dann kann sie mit ihm tun, was sie will, auch abschneiden und wegwerfen. Er ist dann »wie die Hornhaut, der Wurmfortsatz oder die Fettgeschwulst«, um es mit Fischers eigenen Worten zu sagen. Vielleicht hat Thomas Fischer sein Unvermögen, diese Position zu verstehen, auf einer unbewussten Ebene erkannt, das würde zumindest das Wörtchen »eigentlich« in seiner Behauptung erklären: Ein werdender Mensch, schreibt er, könne »eigentlich« nicht zugleich nur Teil des Körpers eines anderen sein. Ja, vom herkömmlichen autonomen Menschenbild einer männlich geprägten Philosophie aus gedacht kann er es »eigentlich« nicht, aber in Wirklichkeit, nämlich in Gestalt einer Schwangeren, kann er es faktisch doch. Also müssen wir vielleicht die Philosophie anpassen, unser Menschenbild ändern?

Zumal es beim Schwangersein noch ein anderes Paradox gibt, auf das Antoinette Fouque hinweist: Es ist die Verbindung von Zustand und Tat. Schwangersein ist eine zugleich aktive und passive Angelegenheit.[37] Eine Bekannte von mir sagt, dass sie sich »mit etwas schwängert«, wenn sie ein neues Projekt – ja, quasi »ausbrütet«. Dieser Zustand des aktiv-passiven Tun-und-Geschehen-Lassens ist nichts, was auf den körperlichen

Zustand des Schwangerseins beschränkt wäre. Feministische Überlegungen in dieser Richtung sind häufig zu Unrecht als Biologisierungen verstanden worden, so als sollte schwangeren Frauen etwas zugeschoben und aufgebürdet werden. Aber genau das Gegenteil ist der Fall: Es geht darum, die Erfahrung des schwangeren Körpers gerade nicht als Sonderfall einer speziellen »Weiblichkeit« zu verstehen, sondern als »normales Menschsein«, das alle betrifft, auch solche Menschen, die nicht schwanger sind und es vielleicht auch gar nicht werden können.

Luce Irigaray hat sich in ihrem 1974 erschienenen Buch »Speculum« speziell mit der Frage beschäftigt, welche Auswirkungen das »Nicht eins, nicht zwei« der Schwangerschaft für die Position eines Subjekts bedeutet, das sich nicht länger in Bezug auf das männliche definiert. Es lohnt sich, sie in diesem Kontext vollständig zu zitieren (Hervorhebungen von ihr selbst):

»*Die Frau, eine Frau schließt sich niemals zu einem Volumen (schließt sich auch niemals in es ein)*. ... Und man vergisst auch, dass es am ›Subjekt‹ liegt, wenn die andere auf die (das) eine reduziert wird, denn es reduziert ihre Kontiguität durch sein Begehren. Denn wenn sie gleichzeitig zwei ist (sind), aber nicht durch eines zu teilen (nicht aufzuteilen), wie soll sich das ›Subjekt‹ da zurechtfinden? Auf welchem Umweg soll es in sie eindringen (sich zwischen sie mischen), in ihren Bauch (ihre Bäuche) gelangen? Das andere muss also dazu dienen, das (die) eine zu spiegeln, das zu verdoppeln, was der Mann schon immer als Ort seiner Produktion, der Produktion erkannt hat. ›Sie‹ soll nichts anderes sein als der Weg, die Methode, der *Spiegel*, die durch einen Prozess der Wiederholung bewirken, dass das ›Subjekt‹ die Einheit seines Ursprungs, des Ursprungs wiedererkennt. Aber die Mutter und die Frau spiegeln sich nicht in der gleichen Weise. Eine doppelte Spiegelung in ihr (in ihnen), ›zwischen‹ ihr (zwischen ihnen) ist schon vermittelnd eingeschaltet. Und mehr. Denn das Geschlecht der Frau ist nicht eins.«[38]

Der Zustand des »Nicht-eins-nicht-zwei« ist laut Irigaray

nicht nur für Schwangere, sondern für Frauen generell charakteristisch. Die Position der »Frauen« steht bei ihr, anders als es dem Differenzfeminismus oft vorgeworfen wurde, nicht für eine biologistisch determinierte Menschengruppe, sondern für eine *Subjektposition*, die sich von der klassischen männlichen (was ebenso wenig biologisch determiniert gemeint ist) genau durch ihr »Nicht-eins-Sein«, durch ihr Offensein für das Andere, unterscheidet. Der Rekurs auf das »Nicht eins, nicht zwei« der Schwangerschaft dient Irigaray als Paradigma, nicht als exklusive Bedingung, auch wenn sie von der realen, materiellen Angelegenheit ausgeht. Aus der oben zitierten Passage wird deutlich, dass diese Bedingtheit nicht nur für Schwangere, sondern für Frauen generell gelten soll.

Es wäre eine interessante Frage, inwiefern Luce Irigarays Vorschlag, das weibliche Subjekt als offen für Alterität zu verstehen, angesichts heutiger Geschlechterdiskurse zum Beispiel auf alle nicht-cis-männlichen[39] Gender ausgeweitet werden kann – oder vielleicht auch nicht. Jedenfalls könnte die Kritik an einem männlich kodifizierten Subjektstatus des »Einer« und der damit einhergehenden Perspektive des Entweder-Oder vielleicht helfen, den Streit zwischen Queer*Theorie und traditionellem Radikalfeminismus aus seinem unfruchtbaren Patt zu befreien. Statt dabei zu bleiben, sich gegenseitig Verrat an der Sache vorzuwerfen, wäre es eine Möglichkeit, genau an diesem Punkt weiterzuarbeiten, weil es hier ein Kriterium gibt, anhand dessen Geschlechterkonzeptionen bewertet werden können: Helfen sie dabei, das männliche, pseudo-neutrale universale Subjekt zu hinterfragen, zu untergraben, ihm ein freies Verständnis von Differenz entgegenzustellen? In beiden feministischen Strömungen gibt es Tendenzen und Überlegungen, die das tun, aber auch solche, die eher zur Folge haben, dass herkömmliche Universalismen gestützt und bestärkt werden.

Ein gemeinsamer Kampf wäre auch wichtig angesichts der effektiven Frontenbildung der antifeministischen Gegenseite.

Erica Millar beschreibt, wie gezielt die Anti-Abtreibungs-Lobby, »im Grunde eine Art globales Franchise-Unternehmen«,[40] propagandistisch die Vorstellung verbreitet, es gäbe ein eigenständiges Lebewesen namens »ungeborenes Kind«, das losgelöst von der Schwangeren zu betrachten sei. Viele stellen sich unter einem Embryo oder einem Fötus inzwischen tatsächlich ein autonomes, babyartiges Wesen vor. Was immer und immer wieder wiederholt wird, wird irgendwann als wahr empfunden. Es gibt aber keine ungeborenen Kinder. Kinder entstehen durch eine Geburt. Es ist ein qualitativer Unterschied, ob ein menschliches Wesen im Mutterleib lebt oder außerhalb. Welche ethischen Bewertungen daraus zu ziehen wären, lässt sich diskutieren. Aber so zu tun, als wäre es mehr oder weniger egal, ob ein Fötus / Kind bereits geboren ist oder noch nicht, stellt eine Missachtung der schwangeren Person dar und erklärt diese schlicht für irrelevant.

Da Schwangere und Fötus in der Realität nicht getrennt werden können, ist jede Aussage über das Wesen eines Fötus zugleich eine Aussage über eine Schwangere, wie Erica Millar in ihrem Buch ausführlich erläutert: Wenn der Fötus bereits eine autonome, babyartige Wesenheit ist, ist die Schwangere bereits eine Mutter. Wenn das Leben des Fötus auch gegen den Willen der Schwangeren geschützt werden muss, werden Frauen als passive Trägerinnen des Lebens anderer definiert. Wenn Föten wie von Zauberhand außerhalb des Mutterleibs in Erscheinung treten, sind die dazugehörigen schwangeren Frauen praktisch ausgelöscht – in der Tat ist der schwangere Körper auf manchen Propagandaplakaten geschwärzt, damit das niedliche, schützenswerte »ungeborene Kind« umso heller leuchten kann.

In der Realität ist es aber so, dass Embryonen und Föten nicht außerhalb des Körpers einer Schwangeren existieren können – niemals vor der 22. Schwangerschaftswoche und kaum vor der 24. Es gibt zwar technologische Fortschritte, die den Zeitpunkt, ab dem ein Fötus in einem Brutkasten lebensfähig ist, weiter nach vorzuverlegen versuchen. Aber fünf bis sechs Monate lang braucht es immer noch einen austragenden Körper, wenn neue Menschen zur Welt kommen sollen. So lange ist die Schwangere in einen Prozess involviert, den niemand ihr abnehmen kann. Schwangersein ist die einzige Tätigkeit »für andere«, die prinzipiell nicht delegierbar ist, da sie sich innerhalb des eigenen Körpers abspielt. »You're the only one who can do that«, wie Tishs Mutter in dem Film »Beale Street« zu ihrer hochschwangeren Tochter sagt. Die Notwendigkeit, »in Fleisch und Blut« beteiligt zu sein, begründet eine besondere Stellung der Schwangeren im Verhältnis zu dem neuen menschlichen Wesen, das nur sie allein zur Welt bringen kann.

Doch diese besondere Beziehung endet mit der Geburt und mit dem Eintritt des Neugeborenen in die Gesellschaft. Vom Zeitpunkt der Geburt an sind Mutter und Kind zwei getrennte Individuen, nicht mehr »zwei in einer«. Was ihre Beziehung angeht, so greifen nun soziale Übereinkünfte, biologische Zwänge gibt es nicht mehr. Dieser grundsätzliche Wandel vom schwangeren in den postnatalen Zustand ist schwierig nachzuvollziehen, weil wir mit Mutterschaft keine biologische, sondern eine vor allem soziale Rolle verbinden: Eine »richtige« Mutter erweist sich als solche nicht dadurch, dass sie ihren Körper für eine Schwangerschaft zur Verfügung gestellt hat, sondern dadurch, dass sie ein Kind versorgt, es liebt, immer für es da ist, also durch ihr soziales Verhalten. In dem römischen Rechtsspruch »Mater semper certa est« (»Die Mutter ist immer sicher«) ist ja nicht die banale Beobachtung festgeschrieben, dass man weiß, wer ein Kind geboren hat. Für etwas so Offensichtliches bräuchte man kein Gesetz. Sondern es wird eine *soziale* Rolle festgeschrieben: »Mater semper certa est« bedeutet: »Die Person, deren Anteil an der Entstehung eines Kindes sicher ist (weil sie es geboren hat), ist die Mutter dieses Kindes.« Es wird also eine soziale Funktion (»Mutter«) an eine biologische Eindeutigkeit (»Schwangere und Gebärende«) geknüpft.

Unsere Kultur versteht Mutterschaft nicht als biologischen Fakt (Mutter ist eine Person, die ein Kind geboren hat), sondern als soziale Tätigkeit (Mutter ist eine Person mit einer speziellen und einzigartigen Beziehung zu einem Kind). Wer ein Kind gebiert und sich dann nicht darum kümmert, ist keine »richtige« Mutter, zum Muttersein gehört demnach mehr als Schwangergewesensein. Das lässt es als *unnatürlich* erscheinen, die Beziehung zwischen Mutter und Kind nach der Geburt mit anderen Augen zu betrachten als die vorgeburtliche, weil sich der Status des Mutterseins nach der Geburt ja erst noch beweisen und rechtfertigen muss.

Ich möchte die Aufmerksamkeit aber explizit darauf lenken, dass sich im Moment der Geburt sehr wohl etwas Wichtiges ändert: Aus dem Zustand des »Zwei in einer« werden nun zwei. Die ehemals Schwangere ist nicht mehr schwanger, das ehemals ungeborene Wesen ist geboren und ein Kind. Die Beziehung ist jetzt auflösbar, was bedeutet, dass sie aus dem Bereich der biologischen Notwendigkeiten in den Bereich der Politik, der menschengemachten Regeln, überwechselt. In der herkömmlichen Debatte liegt der Fokus fast gänzlich auf der Überlebensfähigkeit des Fötus. Fast alle ethischen Auseinandersetzungen mit der Frage, welche Rechte ein Fötus hat und ob diese Rechte sich von denen eines geborenen Menschen unterscheiden oder nicht, fokussieren sich allein auf dessen verschiedene Entwicklungsschritte.[41]

Genauso wichtig ist aber der Beziehungsstatus zwischen Fötus und Schwangerer, eben jene Beziehung, in der Identität und Nicht-Identität in eins fallen. Im Moment der Geburt wird zwar der Fötus als solcher kein komplett anderes Wesen. Aber die Art und Weise, wie er existiert, ändert sich von Grund auf: Er ist nun nicht mehr von genau *einem* bestimmten Menschen abhängig, sondern als gesellschaftliches Wesen eingebunden in die Vielheit anderer Menschen. Wenn wir nur auf den Fötus schauen und darin auch schon vor der Geburt ein »ungeborenes

Kind« sehen, sehen wir durch die Schwangere hindurch, konstruieren ein Kontinuum des Lebens, in dem sie keine Rolle spielt. Aber diese Möglichkeit – nämlich, dass sie für das Kind keine Rolle spielen muss – entsteht erst mit der Geburt. Von nun an hat auch die ehemals Schwangere erstmals wieder die Möglichkeit, »to walk away from her child«.

Damit will ich nicht sagen, dass körperliche Aspekte in der Beziehung zwischen Mutter und Kind nach der Geburt keine Rolle mehr spielen. Die Fürsorge für ein kleines Baby hat sicherlich ganz erheblich mit Körperlichkeit zu tun, nicht nur beim Stillen. Viele Frauen erleben den Übergang vom schwangeren zum nicht mehr schwangeren Zustand nicht als Ende, sondern im Gegenteil als Beginn, und zwar den Beginn einer sehr großen Verantwortung.[42] Sie willigen also in ihre Rolle der »Mutter« ein. Aber das ist keine biologische Notwendigkeit mehr und ja auch faktisch nicht bei allen Frauen so. Manche geben ihre Neugeborenen zur Adoption frei, andere übergeben die alltägliche Sorge in die Obhut anderer Erwachsener. Auch wenn durchaus viele Mütter den Wunsch haben, sich um ihre neugeborenen Babys zu kümmern, so ist das doch kein biologischer Zwang.

Dass es eine »natürliche« Prädisposition gäbe, wonach Frauen, die Kinder geboren haben, sich auch um diese kümmern wollen, wird inzwischen zunehmend bezweifelt. Die israelische Neurobiologin Ruth Feldman zum Beispiel hat herausgefunden, dass sich die Hirntätigkeit homosexueller Väter, die sich hauptverantwortlich um Kleinkinder kümmern, nicht von der von Müttern unterscheidet, die Kinder geboren haben.[43] Offenbar ist es nicht so, dass eine bestimmte körperliche Disposition (die Tatsache, dass man ein Kind geboren hat) naturnotwendigerweise dazu führt, dass diese Person sich besonders gerne um dieses Kind kümmert, sondern es ist genau anders herum: Eine Person, die sich besonders intensiv um ein Kind kümmert, erfährt messbare körperliche Veränderungen, zum Beispiel der

Hirntätigkeit. Der Zusammenhang von Körperlichem und Sozialem ist keine Einbahnstraße, beides beeinflusst sich wechselseitig. Kulturelle und biologische, körperliche und geistige Aspekte sind auf komplexe Weise miteinander verwoben.

Aber darauf kommt es im Zusammenhang meiner Argumentation gar nicht an. Die Biologie des Schwangerwerdenkönnens ist etwas anderes. Wenn man schwanger ist, besteht nicht einfach nur eine Korrespondenz zwischen körperlichen und geistigen Phänomenen und Aspekten, sondern der Zusammenhang ist viel direkter: Bei einer Schwangerschaft sind Soziales und Körperliches ein und dasselbe.

Doch dieser spezielle Zusammenhang endet mit der Geburt. Nach der Geburt ist die Schwangerschaft zu Ende.

Zweigeschlechtlichkeit und heterosexuelle Matrix

Menschen kommen auf die Welt, indem sie als kleine hilflose überlebensunfähige Wesen aus dem Körper einer Schwangeren herauskommen. Bedürftigkeit und Angewiesensein auf die Hilfe anderer ist eine Grundbedingung des Menschseins.[1]

Das bedeutet, dass es in menschlichen Gesellschaften Regelungsbedarf gibt für den Fall, dass eine Schwangerschaft eintritt. Geregelt werden muss insbesondere, wie die Verantwortung für diesen Neuankömmling auf der Welt unter den Erwachsenen verteilt wird.

Wenn wir uns für einen Moment vorstellen, es gäbe überhaupt keine Regeln in diesem Bereich, keine sozialen Beziehungsnormen, keine Gesetze und verbindliche Abmachungen, dann hätten Menschen ohne Gebärmutter keinerlei Möglichkeit, eine Elternschaft zu planen. Sie wüssten ja nie, ob die Person, mit der zusammen sie ein Kind gezeugt haben, auch neun Monate später noch irgendwo in der Nähe ist oder noch etwas mit ihnen zu tun haben möchte. In einer Gesellschaft ohne Regeln bezüglich des Schwangerwerdenkönnens gäbe es keine »Väter«, sondern nur »Mütter«. Letztere allerdings wären mit der Verantwortung für die von ihnen geborenen Babys völlig auf sich gestellt. Sie könnten nie wissen, ob der Samengeber, mit dem sie das Kind gezeugt haben, neun Monate später noch da ist oder etwas mit ihnen oder mit dem Kind zu tun haben möchte. Und sie könnten auch auf keine andere verlässliche Unterstützung bauen.

Der kulturelle Regelungsbedarf rund um die Frage, wie sich die Beziehungen zwischen Gebärerin, ihrem Kind und anderen erwachsenen Personen gestalten, dreht sich im Kern um zwei Grundthemen: Welche Unterstützung erfährt eine Schwangere (und damit auch das von ihr geborene Kind) durch die Allgemeinheit? Und welche Rechte hat die Allgemeinheit, zum Beispiel Väter oder bestimmte andere Menschen (Großeltern, Ärzt*innen, Nachbar*innen, Freundeskreise ...) in Bezug auf das Kind?

Im Detail müssen Dinge geklärt werden wie: Gibt es für Menschen, die schwanger sind, eine Unterstützung? Was für eine? Wer kommt für diese Unterstützung auf, die Allgemeinheit oder bestimmte andere Menschen? Müssen die Schwangeren irgendwelche Bedingungen erfüllen, um in den Genuss solcher Unterstützung zu kommen? Welche? Oder müssen die Schwangeren selbst für alles sorgen, was sie brauchen? Gibt es einen Rechtsanspruch auf Unterstützung, der auch eingeklagt werden kann, oder handelt es sich dabei lediglich um informelle Gewohnheiten? Wird von Menschen, die ein Kind gebären, erwartet, dass sie sich anschließend um das Neugeborene kümmern? Wie lange? Oder gibt es andere, die dafür zuständig sind? Als Ersatz oder mit gleicher Verantwortlichkeit? Wie wird sichergestellt, dass die Betreffenden ihrer Verpflichtung auch nachkommen? Hat die Gebärerin dabei ein Mitspracherecht? Kann sie ein Veto einlegen? Können Menschen, die schwanger sind, entscheiden, ob sie das Kind austragen möchten oder nicht? Müssen sie dafür irgendwelche Bedingungen erfüllen? Wer entscheidet zum Beispiel über Abtreibungen – nicht nur, inwiefern sie erlaubt sind, sondern auch, wer sie bezahlt und wie eine flächendeckende Versorgung sichergestellt werden kann? Wer bestimmt darüber, was mit neugeborenen Kindern geschieht? Was davon fällt in den Entscheidungsbereich derjenigen, die das Kind geboren hat? Was davon fällt in den Entscheidungsbereich der Allgemeinheit oder anderer Menschen? Und: welche anderen Menschen sind das? Werden für all das von der Gesellschaft Bedingungen gestellt, stehen dafür Ressourcen zur Verfügung? Wer entscheidet darüber konkret? Wer entscheidet, falls es unter den beteiligten Erwachsenen in diesen Fragen zum Streit kommt? Wie werden diese Entscheidungen durchgesetzt?

An diesen Stichpunkten – deren Auflistung sich natürlich fortsetzen ließe – wird deutlich, dass diesbezüglich sehr unterschiedliche Regeln denkbar sind. Je nachdem, wie eine Regel ausfällt, hat sie unterschiedliche Folgen (Vorteile oder Nachteile) für Frauen und Männer, für gebärende Menschen und für solche, die gar nicht schwanger werden können. Beschließt eine Gesellschaft zum Beispiel, Schwangeren eine Art »Verdienstausfall« zu zahlen (weil sie eine Zeitlang nicht in gleicher Weise wie Nichtschwangere für ihren Lebensunterhalt sorgen können) oder eine gute, von der Allgemeinheit finanzierte Infrastruktur zur Verfügung zu stellen, dann werden manche niemals in den Genuss dieser Vorteile kommen, eben weil sie nicht schwanger werden können. Beschließt eine Gesellschaft hingegen restriktive Regeln für den Vorgang der Schwangerschaft (zum Beispiel ein Abtreibungsverbot oder Verfügungsgewalt anderer über ein Neugeborenes), müssen ebenfalls die einen damit rechnen, dass sie davon betroffen sind, während es den anderen persönlich egal sein kann.

Es ist eklatant, wie viele der heutigen sozialpolitischen Streitfragen sich genau um diese Fragen drehen: Familienrecht, Arbeitsrecht, Sozialrecht. Ob es um Väterrechte geht, um Vereinbarkeitsfragen, um Care-Arbeit oder um Abtreibungsverbote – Themenfelder, die die regelungsbedürftigen Fragen der Reproduktion betreffen, stehen im Zentrum vieler Auseinandersetzungen. Dass sie häufig so zäh und konfliktreich verlaufen, liegt daran, dass das ansonsten für Regeln so grundlegende Prinzip der Gleichheit in diesen Fällen untauglich ist. Deshalb ist es auch kein Zufall, dass diese Themen gerade heute, einige Jahrzehnte nach der rechtlichen Gleichstellung von Frauen, hochkochen. Denn durch die Frauenemanzipation ist jenes Arrangement hinfällig geworden, das die patriarchale Kultur dafür vorgesehen hatte: die heterosexuelle Matrix, also die Organisation der Gesellschaft in Form von »Ehepaaren« (das, was die Politikwissenschaftlerin Carol Pateman »The Sexual Contract« genannt hat).[2]

Der Kern des Modells besteht darin, dass jeweils genau ein Mann und eine Frau ein Paar bilden, welches gemeinsame Kinder bekommt, für die es dann auch gemeinsam und lebenslang (in unterschiedlichen Rollen) verantwortlich ist. In dieser Struktur wird die körperliche Differenz in Bezug auf die Fortpflanzung im Paar aufgehoben – und damit auch das Problem, dass es in Bezug auf Schwangerschaftsregelungen zu Interessenkonflikten zwischen männlichen und weiblichen Individuen kommen kann. Wenn die kleinste gesellschaftliche Einheit nicht der einzelne Mensch, sondern das Frau-Mann-Paar ist, braucht sich die Politik nicht mit der reproduktiven Differenz zu befassen, denn jedes Paar ist von jeder Regel gleichermaßen betroffen. Eventuelle Konflikte sind intern auszutragen, im »Privaten«, wobei natürlich auch geregelt ist, wer das letzte Wort hat: »Husband and Wife are one and that is he«, wie es im englischen Eherecht hieß.

Wenn wir heute konstatieren, dass dieses Modell für uns nicht mehr passt, weil es eine inhärente Unterordnung von Frauen hervorbringt oder weil es unmöglich macht, dass Menschen mit gleichen reproduktiven Fähigkeiten Liebespaare oder Familien bilden, ist es hilfreich, sich anzuschauen, warum das heterosexuelle Modell so lange funktioniert hat. Was war sein Sinn und welche Faktoren haben zu seiner Stabilisierung beigetragen?

Im Zentrum des Arrangements steht die Idee, dass Geschlechtsidentität, sexuelle Aktivität und Familie untrennbar miteinander verknüpft sind. Das Modell kann ja nur funktionieren, wenn man verlässlich weiß, in welche reproduktive Kategorie ein Mensch jeweils gehört, denn nur dann ist es möglich, die Heterosexualität von Eheschließungen zu überwachen. Man braucht also »Männer« und »Frauen«. Des Weiteren dürfen legitime Kinder nur innerhalb einer Ehe entstehen, daher das Verbot des außerehelichen Geschlechtsverkehrs. Schließlich muss man einen gesellschaftlichen Platz finden für Menschen, die ihrer reproduktiven Rolle nicht gerecht werden können, weil sie »unfruchtbar« sind. Dem dient das Verbot des vorehelichen Geschlechtsverkehrs, der das Risiko der Unfruchtbarkeit sozusagen gerecht auf alle verteilt: Es stellt sich erst nach der Eheschließung heraus, ob ein Paar zeugungsfähig und die Frau gebärfähig ist. In katholischer Logik gilt eine Ehe konsequenterweise solange als »nicht vollzogen«, wie kein Geschlechtsverkehr stattgefunden hat, und sie kann für ungültig erklärt werden, wenn eine der beiden Personen der anderen ihre Unfruchtbarkeit wissentlich verschwiegen hat oder bereits in der festen Absicht heiratet, keine Kinder haben zu wollen.

Die monogame, lebenslange heterosexuelle Ehe hatte als Konzept durchaus auch einige positive Aspekte. Sie stellte zum Beispiel sicher (oder versuchte das zumindest), dass sich immer zwei Erwachsene für ein Kind verantwortlich fühlen. Sie schuf außerdem einen sozial anerkannten, nämlich ehelichen Status auch für Frauen, die keine Kinder bekommen konnten. Die Unauflöslichkeit der Ehe ist dabei eine Besonderheit des Christentums, das bei der Durchsetzung dieses Modells eine erhebliche Rolle spielte.[3] Die Kirche hat dafür eine ganze Reihe von Konflikten ausgetragen, zum Beispiel mit Herrscherdynastien, bei denen es für die Nachfolgeregelungen ein wesentlicher und notwendiger Faktor von Ehen war, dass daraus Kinder hervorgingen. In polygamen Strukturen mag es nicht so dramatisch sein, wenn ein Mann eine Frau heiratet, die dann nicht schwanger wird. Aber von Herrschern gleichzeitig Monogamie und die Unauflöslichkeit der Ehe zu verlangen, ist geradezu systemgefährdend. Im Lauf des 17. und 18. Jahrhundert trat bei der Kontrolle der Reproduktion allerdings dann nach und nach der Staat die Nachfolge der Kirche an. Seither regeln staatliche

Gesetze, wer wann, unter welchen Umständen und in welcher Häufigkeit schwanger werden darf.[4]

Eine idealtypische Version dieser monogamen zweigeschlechtlichen Logik schildert Émile Zola in seinem 1899 erschienenen Roman »Fruchtbarkeit«. In skurriler Perfektion haben seine Hauptfiguren Marianne und Mathieu genau im Abstand von zwei Jahren Kinder, und zwar immer im selben Rhythmus: Sie haben Sex, Marianne wird schwanger, bringt neun Monate später ein Kind zur Welt, das sie dann 15 Monate lang stillt. Erst danach haben die Eheleute wieder Sex, der sofort zu einer neuen Schwangerschaft führt. Dieser Zyklus wiederholt sich vom Zeitpunkt der Heirat – da ist Marianne 17 Jahre alt, was damals das durchschnittliche Alter der Menarche war – bis zu ihrer Menopause im Alter von knapp 50. Nur einmal, zwischen dem vierten und dem fünften Kind, kommen Mathieu Zweifel. In Paris hat er die Mode kennengelernt, dass Männer ihren Samen »unterschlagen«, um zu verhindern, dass ihre Frauen dauernd schwanger werden. Er fragt sich, ob er genug Lebensmittel für eine stetig wachsende Kinderschar aufbringen kann, und schlägt Marianne vor, eine Pause einzulegen. Marianne willigt ein, sie ist schließlich eine gute und also gehorsame Ehefrau, lässt aber keinen Zweifel daran, dass sie die ehelichen Bett-Aktivitäten dann nicht für richtigen Sex hält, sondern als unangenehm empfindet. Mathieus Zweifel zerstreuen sich auch gleich wieder. Er sieht seine Dummheit ein und gibt Marianne recht: Sex ist kein richtiger Sex, wenn damit nicht die Möglichkeit verbunden ist, schwanger zu werden.

Man sieht an diesem Beispiel, wie schnell sich gesellschaftliche Übereinkünfte verändern können. Inzwischen ist Verhütung geradezu Bürgerpflicht, oder besser Bürgerinnenpflicht. Das Hauptargument heutiger Abtreibungsgegner*innen ist, dass ungewollt Schwangere sich durch schlampiges Nicht-Verhüten doch selbst in diese Lage gebracht hätten. Die Grenze zwischen Erlaubt und Verboten hat sich also verschoben, und zwar vom

Sexhaben zum Sex ohne Verhütung: Vor hundert Jahren waren »gute« Frauen solche, die nur dann mit einem Mann schliefen, wenn sie mit diesem verheiratet und also auch bereit waren, Kinder zu bekommen. Heute sind »gute« Frauen solche, die sorgfältig verhüten und keine Embryonen produzieren, die möglicherweise abgetrieben werden müssen.[5]

Vor diesem Hintergrund erklärt sich auch, warum sich die Bedeutung dessen, was mit »Sexualität« überhaupt gemeint ist, stark verändert hat. Früher ging es dabei nur um Penetration. »Sex« war eine Handlung, die ein Mann an einer Frau vornimmt; das, was vulgärsprachlich heute »Ficken« genannt wird. Vieles von dem, was inzwischen dem Bereich des Erotischen zugeordnet wird, galt früher nicht als solches, wie Ruth Mazo Karras in ihrer lesenswerten Studie über Sexualität im Mittelalter schreibt:[6] lesbischer Sex, Masturbation, Händchenhalten und Küssen, feurige und tiefgehende Liebeserklärungen, die auch Männer einander häufig in Briefen (und vermutlich auch in Gesprächen) zukommen ließen. All dies hatte früher nichts mit Sexualität zu tun, weil das zentrale Instrument der Zeugung, nämlich der erigierte Penis, dabei keine Rolle spielte. Nicht Erotik, Erregung und Lust bildeten das Zentrum der Sexualität, sondern das »Reinstecken« und »Reingesteckt-bekommen«. So galt es im Mittelalter nicht als Sünde, wenn zwei Frauen sich gegenseitig erotisch stimulierten, sehr wohl aber, wenn sie sich dabei mit einem Gegenstand penetrierten – denn damit simulierten sie eine verbotene »aktive« Rolle. Auch die Sündhaftigkeit männlicher Homosexualität, damals als »Sodomie« bezeichnet, hing in ihrer sozialen und moralischen Relevanz vom jeweiligen Part ab: Wenn ein Mann einen anderen Mann penetrierte, war das nicht schlimmer, als wenn er mit einer Frau schlief, die nicht die eigene Ehefrau war. Wenn ein Mann es aber zuließ, von einem anderen penetriert zu werden, verdrehte er die zugewiesenen Geschlechtsrollen, und sein Vergehen war um ein Vielfaches schlimmer.

Die strikte Unterscheidung von aktiver und passiver Rolle beim Geschlechtsverkehr bedeutete auch, dass der Akt der Vergewaltigung anders bewertet wurde als heute: Die passive Rolle einzunehmen bedeutete bereits per Definition, Gewalt zu erleiden. Gewaltausübung beim Sex stellte über viele Jahrhunderte hinweg keinen großen Skandal dar. Die Frage nach der Zustimmung der Frau wurde schlicht nicht gestellt, sie galt als irrelevant.

Dass Frauen ebensowohl für sexuelle Vergehen verurteilt werden konnten, zum Beispiel als Ehebrecherinnen, zeigt nur an, dass gleichzeitig auch ein anderes Verständnis von Schuld herrschte: Es ging dabei nicht um individuelle, moralische Verfehlungen, sondern um die (auch unwillentliche, passive) Verstrickung in »widernatürliche« Verhältnisse.

Es ist offensichtlich, dass die heteronormative Logik nicht mehr funktionieren kann, sobald man die reproduktive Differenz aus der Gleichung streicht. Viele Kampagnen für die Akzeptanz gleichgeschlechtlicher Paare oder von LGBTQI-Anliegen liegen deshalb falsch, wenn sie versuchen, die gesellschaftliche Bedeutung ihrer Forderungen herunterzuspielen. »Was ändert sich für heterosexuelle Paare, wenn homosexuelle Paare heiraten dürfen? – Nichts!« behauptete zum Beispiel ein im Internet häufig geteiltes Spruchbild im Zusammenhang mit der Einführung der »Ehe für alle«. Das mag stimmen, wenn man einzelne Paare betrachtet. Aber für die symbolische Ordnung der Zweigeschlechtlichkeit stimmt es nicht. Wenn Paare sich nicht mehr entsprechend ihrer reproduktiven Funktion zusammenfinden, bricht vielmehr die ganze Logik des zweigeschlechtlichen Systems in sich zusammen.

Sicherlich war das heterosexuelle Ideal, wonach Sexualität, Familie und Reproduktion nur gemeinsam existieren sollen, nur das, ein Ideal, und nichts, was sämtliche tatsächlich gelebten sozialen Beziehungen zutreffend beschreibt. Es gab immer auch Sex und Reproduktion außerhalb dieser Ordnung. Aber das galt eben als verboten, schuldhaft, falsch und hatte daher zur Folge, dass die Gesellschaft den Betroffenen (und ihren Kindern) gegenüber keine Verantwortung übernehmen musste. Seit der Romantik hat sich die westliche Vorstellung von idealen Geschlechterverhältnissen nach und nach geändert. Zunächst wurden Frauen und Männer zumindest in »platonischen« Beziehungen als gleichgestellt betrachtet, im Lauf des 20. Jahrhunderts hat sich dann dieses Ideal der »Augenhöhe« auch auf erotische und sexuelle Begegnungen ausgeweitet. Dabei geriet nach und nach in Vergessenheit, dass Hetero-Penetrationssex ursprünglich im Kern gewaltförmig und hierarchisch gedacht war. Unter der Oberfläche blieb diese Kontinuität aber bestehen. Sie ist der Grund dafür, warum Medien bis heute von »Sexaffären« schreiben, wenn es in Wahrheit um Vergewaltigungen geht, oder dass viele Männer (wie sie in Diskussionen über sexualisierte Gewalt lautstark bekunden) der Meinung sind, es sei schwer zu erkennen, ob eine Frau Lust auf Sex mit ihnen hat oder nicht – so schwer, dass man Männern nicht zumuten kann, darauf Rücksicht zu nehmen. Die Hierarchisierung sexueller Rollen ist eine direkte Folge der Verknüpfung von Sex und Reproduktion.

Man könnte es zugespitzt so sagen: Macht über Frauen und Kinder ist der Preis, der in einer heteronormativen Logik an die Männer gezahlt wird, um die Nachteile auszugleichen, die ihnen in diesem Ehe-Arrangement im Vergleich zum ungeregelten Zustand entstehen. Sie werden quasi dafür entschädigt, dass auch sie den Umstand des Kinderkriegens und die Sorge um die Neugeborenen mittragen müssen, obwohl sie selbst gar nicht schwanger werden können und das Problem also »eigentlich« gar nicht hätten. Diese Macht von Männern über Frauen und Kinder wird direkt mit jenem Akt verknüpft, aus dem Schwangerschaften resultieren, nämlich dem »Ficken«.

Es ist zu kurz gegriffen, wenn wir den Zusammenhang von Macht und sexualisierter Gewalt nur in eine Richtung denken, nämlich so, dass politische und gesellschaftliche Macht sich in Form von sexueller Gewalt manifestieren kann. Die italienische Philosophin Diana Sartori hat darauf aufmerksam gemacht, dass die Beziehung auch andersherum stimmt: »Die Macht trieft nur so von Bildern männlicher und sogar reaktionärer männlicher Sexualität. Herrschaft und Unterordnung sind symbolische Synonyme der aktiv/männlichen und der passiv/weiblichen sexuellen Rolle: Wer befiehlt, ist der aktive Mann, und wer keine Macht hat, ist ›gefickt‹, also passiv-weiblich, selbst wenn es sich um einen Mann handelt. Der Macht ausgeliefert zu sein, macht weiblich, und Macht auszuüben macht männlich. Ein italienisches Sprichwort lautet ›Befehlen ist besser als Ficken‹, und es ist wirklich nicht leicht zu sagen, ob hier die Macht als Ersatz für Sex vorgeschlagen wird, oder ob der Sex als Machtausübung ausgemalt wird. Beides geht Hand in Hand, und nicht nur im Sinne einer Analogie, sondern im Sinne einer viel direkteren Verknüpfung.«[7]

Am Anfang des 20. Jahrhunderts brach das klassische westliche Patriarchat zusammen. Die alte Ordnung wurde unter den Trümmern des Ersten Weltkriegs begraben, die Frauen emanzipierten sich rechtlich, sozial, politisch und wirtschaftlich. Dieser Prozess ist zwar noch nicht zum Abschluss gekommen, aber man kann wohl sagen, dass die Geschlechterbeziehungen im Jahr 2019 sich um Lichtjahre von denen im Jahr 1919 entfernt haben. Doch es ist nicht einfach, eine Jahrhunderte oder eher noch Jahrtausende alte symbolische Ordnung über den Haufen zu werfen. Auch die Frauen sind ja in das System eingebunden, man hat ihnen die Nachteile, die ihnen aus diesem Arrangement entstanden sind, mit dem Verweis auf eine angebliche weibliche Natur oder eine göttliche Schöpfungsordnung legitimiert und schöngeredet. Für manche von ihnen ist der patriarchale Käfig tatsächlich golden, ebenso wie umgekehrt die Position des Anführers für manche Männer eine Qual und Überforderung ist. Beide, Männer wie Frauen, sind in ein ausgefeiltes Rechts-,

Glaubens- und Wissenschaftssystem eingebunden, das die zweigeschlechtliche Ordnung festschreibt und es nahezu unmöglich macht, etwas anderes auch nur in Betracht zu ziehen. Das betrifft Menschen, die schwanger sind, in ganz besonderem Maße, weil ihr körperlicher Zustand wie eine Beglaubigung der zweigeschlechtlichen Wahrheit gelesen wird. Oder, wie es Jana Ballenthien formuliert hat: »Kinder zu bekommen bedeutet, in der gesellschaftlichen Diskursdisko tanzen zu gehen. Manchmal bis die Füße bluten.«[8]

Die heterosexuelle Matrix durchzieht aber nicht nur alle Geschlechterbeziehungen auf einer sehr grundsätzlichen Ebene. Wo man auch hinschaut, ist unser Denken überall von solchen zweigeschlechtlich aufgeladenen »Ehepaaren« durchsetzt (Körper und Geist, Gefühl und Verstand, Privat und Öffentlich, Sprache und Mathematik, hart und weich). Viele glauben deshalb, dass die Ordnung des heterosexuellen Paares *natürlicherweise* aus der reproduktiven Differenz folge. Aber das stimmt nicht. Ein Blick in andere Kulturen zeigt schnell, dass man alle möglichen Umgangsweisen mit dem Thema finden kann. Es gibt polygame Gesellschaften, in denen einzelne mächtige Männer viele Frauen haben und viele arme Männer dafür gar keine. Es gibt matriarchale Gesellschaften, in denen Menschen lebenslang im Haus ihrer Mütter bleiben anstatt zu heiraten, und die Funktion fester männlicher Bezugspersonen für Kinder nicht die Sexualpartner ihrer Mütter übernehmen, sondern deren Brüder, also die Onkel der Kinder (die ja im selben Haushalt wohnen).

Nicht alle Kulturen haben auch ein zweigeschlechtliches Modell, manche kennen weitere Geschlechter, etwa die Hijras in Indien oder die Two-Spirits in den indigenen Gemeinschaften Nordamerikas. Die heterosexuelle Paarstruktur ist lediglich ein Modell unter vielen empirisch möglichen, aber eben dasjenige, das sich im griechisch-jüdisch-römisch-christlich-europäischen Kulturraum durchgesetzt hat und dann durch den Kolonialismus in viele Weltregionen verbreitet wurde.[9] Ob es besser oder schlechter ist als andere Modelle, ist damit längst noch nicht entschieden. Das käme auf die Kriterien an. Auch ein drei- oder viergeschlechtliches Gendermodell kann ja starr und unflexibel sein. Geschlechterordnungen sind nie »natürlich«, sondern immer eine Folge kultureller Aushandlungsprozesse. Wie wir sie bewerten, ist eine politische Frage, also eine, bei der unser Urteil gefragt ist und wo man die eigenen Ansichten argumentativ begründen, aber ihre Richtigkeit nicht beweisen kann.

Heute zeichnet sich ab, dass das heteronormative Geschlechtermodell womöglich nicht von Dauer ist. »Das Patriarchat ist zu Ende«, schrieb die italienische Feministin Luisa Muraro bereits 1995 in ihrem Artikel »Freudensprünge«.[10] Seine Auflösung begann mit der Frauenemanzipation zu Beginn des 20. Jahrhunderts und ging mit der Lockerung des Bandes zwischen Ehe und leiblicher Reproduktion weiter. Zunächst waren es alleinlebende Frauen, Schwule und Lesben, die sich aus dem Heteropaar-Modell lösten, anfangs um den Preis, dass sie keine Kinder haben konnten. Die Reform des deutschen Familienrechts 1977 hat diesen Zusammenhang weiter unterhöhlt, indem es Scheidungen erleichterte und die Ehe zu einer »unverbindlichen, leicht scheidbaren Gelegenheitsgesellschaft« machte, wie damals ein CDU-Bundestagsabgeordneter wetterte.[11] Tatsächlich überführte diese Reform die lebenslange Monogamie in eine serielle Monogamie; es ist heute sozial gänzlich akzeptiert, wenn Menschen im Lauf ihres Lebens unterschiedliche Sexualpartner*innen haben und auch in unterschiedlichen Konstellationen Kinder zeugen.

Die Einheit von Sexualität, Familie und Reproduktion existiert nur noch in Momentaufnahmen, nicht mehr über längere Zeit hinweg – eine Entwicklung, die zwar für kinderlose Frauen große Vorteile brachte, für Mütter aber nicht nur positiv verlaufen ist. Wenn sie alleinerziehend sind, gehören sie heute zu den am stärksten von Armut bedrohten Bevölkerungsgruppen.

Gleichzeitig ist es inzwischen sozial akzeptiert, wenn Männer ihre älter gewordenen Ehefrauen verlassen und mit anderen, oft jüngeren Frauen neue Familien gründen. Die finanziellen Risiken, die Frauen eingehen, wenn sie beruflich kürzertreten, um kleine Kinder zu versorgen, tragen sie heute, nach dem Ende der »Ernährer-Ehe«, also fast alleine. Unterhaltsansprüche gegen die Väter ihrer Kinder, die stattdessen voll berufstätig waren und ihre Karrieren weiterverfolgen konnten, haben sie seit der Reform des Unterhaltsrechts 2008 kaum noch.[12] Die ganze Debatte zum Thema Care-Arbeit zeigt, dass die sozialen und rechtlichen Veränderungen der Familienmodelle noch lange nicht auf ökonomischem Gebiet nachvollzogen wurden.

Die Kritik an der heteronormativen Zweigeschlechtlichkeit springt zu kurz, wenn sie nur auf die kulturellen und individuellen Freiheiten hinweist, die mit einer Abschaffung dieses Systems einhergehen, aber die materiellen und ökonomischen Aspekte übersieht und ihre Lösung in die Verantwortung der Einzelnen stellt, nach dem Motto: Sollen die Frauen eben mehr arbeiten und ihre Männer dazu bringen, mehr Hausarbeit zu übernehmen. »Die auf diese Art fröhlich suggerierte Gestaltbarkeit des eigenen Lebens verbreitet zwar gute Laune, macht letztlich die Mütter nur wieder selbst für die Organisation der Fürsorge verantwortlich«, schreibt Lisa Yashodhara Haller, die über Elternschaft im Kapitalismus geforscht hat.[13]

Unterdessen löst sich die alte Verbindung von Zweigeschlechtlichkeit, Sexualität und Familie weiter auf. Mit der »Ehe für alle« ist die Trennung von Reproduktion und Familie jetzt auch symbolisch sichtbar, denn wenn es schwule und lesbische Paare mit Kindern gibt, lässt sich nicht mehr leugnen, dass bei der Zeugung von Kindern manchmal dritte Personen mitwirken.[14] Mit dem Boom der Reproduktionsmedizin verändert sich schließlich auch das biologische Modell von Elternschaft. Ein Kind kann jetzt drei biologische Elternteile haben: die Eizellenspenderin, den Samenspender und die Tragemutter. Sie alle sind biologisch mit dem Kind verwandt, die beiden Zeugenden durch ihre Gene, die Gebärerin durch die Schwangerschaft.

Wenn man schließlich soziale und biologische Elternschaft kombiniert, wird es noch unübersichtlicher und die Liste von Menschen, die sich aus guten Gründen als »Eltern« verstehen, noch länger. Neben den zwei bis drei biologischen Eltern gibt es etliche weitere Personen, die in Frage kommen: Stiefväter und -mütter in Patchworkfamilien, lesbische Lebenspartnerinnen von Frauen, die ein Kind geboren haben, Lebenspartner von schwulen Männern, die mithilfe einer Leihmutter und vielleicht auch einer Eizellenspenderin Kinder bekommen haben. Polyamorie, also das Führen gleichzeitiger Liebesbeziehungen zwischen mehr als zwei Menschen, mag zwar noch selten sein, kommt aber immer häufiger vor und zieht politischen Regelungsbedarf nach sich, erst recht, wenn Kinder gezeugt und geboren wurden. Die Ausweitung möglicher Familienkonstellationen wird auch in der gesellschaftlichen Mitte zunehmend akzeptiert. Sogar die konservative Frankfurter Allgemeine Sonntagszeitung berichtete im Februar 2019 sehr positiv über eine »Dreier-Ehe« in Kolumbien.[15] Neuerdings gibt es zudem immer mehr Menschen, die außerhalb einer Liebesbeziehung Kinder zeugen möchten – nicht nur homosexuelle Paare, bei denen das eine biologische Notwendigkeit ist, sondern auch heterosexuelle Menschen, die Elternschaft und Liebesleben voneinander trennen möchten und sich für ein sogenanntes »Co-Parenting« entscheiden.[16]

Von daher stellt sich die Frage, was heute eigentlich gemeint ist, wenn Worte wie »Vater« oder »Mutter« fallen. Diese Begriffe beziehen ihren Sinn aus der klassischen heterosexuellen Familienstruktur, insofern sie zwei komplementäre, heterosexuelle Rollen bezeichnen. Heute ist ihre Bedeutung diffus und unklar geworden. Bezeichnen diese Begriffe alle Erwachsenen, die mit Kindern leben oder familiäre Sorgearbeit leisten? Sind alle weiblichen Elternteile »Mütter« und alle männlichen »Väter«? Oder beschreiben diese Begriffe bestimmte soziale Rollen unabhängig vom Geschlecht der betreffenden Person? Sind damit biologische Eltern gemeint, wobei »Väter« diejenigen sind, von denen die Samenzelle stammt, und »Mütter« diejenigen, die das Kind entweder geboren haben oder aber die Eizelle spendeten? Wäre es andererseits aber nicht sinnvoll, sprachlich zwischen Samenspendern, Eizellenspenderinnen und Gebärerinnen zu unterscheiden, angesichts der doch gravierenden Unterschiede zwischen diesen Prozessen?

Konsequenterweise löst sich auch das soziale Konstrukt »Geschlecht« zunehmend vom Schwangerwerdenkönnen und damit auch von der reproduktiven Differenz. Wenn es in Bezug auf Sexualität und Familie keine geschlechtsspezifische Rollenverteilung mehr geben soll, verliert auch die Unterscheidung in »Frau« und »Mann« ihren Sinn. Sie interessiert höchstens noch aus historischen Gründen oder in Bezug auf fortdauernde Diskriminierungen. Statt von Frauen und Männern zu sprechen, werden in queer*feministischen Kontexten heute oft die Akronyme »AFAB« (englisch: *assigned female at birth*, hat bei der Geburt das weibliche Geschlecht zugesprochen bekommen) verwendet für Menschen, die schwanger werden können, und »AMAB« (*assigned male at birth*) für Menschen, die nicht schwanger werden können. Auf diese Weise können zum Beispiel trans Männer, obwohl sie keine Frauen sind, dennoch sprachlich in einer gemeinsamen Gruppe mit cis Frauen benannt werden, um etwa körperliche Gemeinsamkeiten wie Menstruationsbeschwerden zu thematisieren. Ich finde diese Akronyme allerdings irreführend, denn sie wirken so, als erfolgte die Zuweisung eines Geschlechts an Neugeborene willkürlich. Das ist aber nicht der Fall, sondern diese Zuweisung geschieht aufgrund von Prognosen darüber, ob dieser Mensch später einmal schwanger werden kann oder nicht. Und diese Prognosen treffen mit sehr hoher Wahrscheinlichkeit zu.

Es mag heute nicht mehr sinnvoll erscheinen, zwischen Männern und Frauen, Müttern und Vätern eine Dichotomie aufzumachen. Aber das ändert nichts daran, dass die binäre Unterscheidung des (nicht) Schwangerwerdenkönnens eine menschliche

Realität ist: Das, was Menschen mit Gebärmutter verbindet, ist nicht, dass jemand sie bei ihrer Geburt als »weiblich« kategorisiert hat. Sondern dass sie damit rechnen müssen, schwanger zu werden.

Warum es normal ist, nicht schwanger zu werden

Ein häufiger Einwand gegen mein Vorhaben, die reproduktive Differenz der Menschen zum Thema politischen Nachdenkens zu machen, lautet: »Aber es können ja auch nicht alle Frauen schwanger werden.« Ja, das stimmt – die allermeisten aber schon: Rund 97 Prozent aller Menschen, die bei der Geburt als »weiblich« klassifiziert werden, sind tatsächlich im Alter von 20 Jahren fruchtbar. Allerdings nimmt dieser Anteil dann wieder ab: Mit 32 Jahren können nur noch 92 Prozent schwanger werden, mit 42 Jahren nur noch 68 Prozent.[17] Und irgendwann nach der Menopause liegt der Anteil bei Null. Umgekehrt gibt es nur wenige Menschen, die bei der Geburt als Mädchen bezeichnet werden und trotzdem ihr ganzes Leben lang nicht schwanger werden können.

Dass der Satz »Frauen können schwanger werden« im Großen und Ganzen stimmt, liegt aber nicht nur an Zahlen und Wahrscheinlichkeiten. Der Hauptgrund ist, dass das Schwangerwerdenkönnen genau genommen immer nur ein*e Option* ist. Die Betonung liegt auf dem Können. Es liegt in der Natur der Sache, dass es niemals eine Garantie gibt, auch wirklich schwanger zu werden. Dass eine Frau nicht schwanger werden kann, ist letztlich »normal«, nicht nur für trans Frauen. Auch eines von etwa 5.000 Mädchen, die mit weiblich aussehenden Genitalien und einem XX-Chromosomensatz geboren werden, hat keine oder nur eine verkümmerte Gebärmutter. Dieses sogenannte Mayer-Rokitansky-Küster-Hauser-Syndrom (MRKH) ist normalerweise medizinisch nicht behandlungsbedürftig. Den betroffenen Frauen wird meistens aber operativ eine künstliche Vagina angelegt, damit sie Circlusions-Sex haben können (ein Begriff, den Bini Adamczak vorgeschlagen hat, um das Umschließen eines Penis mit der Vagina zu beschreiben).[18] Der Scheideneingang führt nämlich bei ihnen ansonsten nur etwa einen bis drei Zentimeter ins Körperinnere. In der Literatur werden diese Frauen fälschlicherweise als »steril« bezeichnet, also als nicht zeugungsfähig. Ihre Eierstöcke sind aber in der Regel intakt, sie können also sehr wohl Kinder zeugen, sie allerdings nicht selbst gebären. In gewisser Weise sind sie nicht steriler als Männer: Um genetisch eigene Kinder in die Welt zu setzen, sind sie auf die Gebärmutter einer anderen Person angewiesen. Tatsächlich war es eine MRKH-Frau, die im Dezember 2018 Schlagzeilen machte, weil sie als erste unter Verwendung einer transplantierten, von einer verstorbenen Spenderin stammenden Gebärmutter ein Kind zur Welt gebracht hat.[19]

Aber auch wer über eine gesunde Gebärmutter verfügt, kann nicht immer schwanger werden. Manchmal sind die Eileiter verengt oder verschlossen, sodass die Eizellen nicht durchkommen. Bis vor wenigen Jahrzehnten war das ein Schicksal, das die Betroffenen hinzunehmen hatten. Heute ist oft eine In-vitro-Fertilisation die Alternative, das heißt, es wird eine Eizelle entnommen, »im Reagenzglas« befruchtet und anschließend in die Gebärmutter eingesetzt, womit man den Eileiter umgeht. Erfolgreich durchgeführt wurden auch schon Eierstock-Transplantationen,[20] wobei funktionierende Eierstöcke entweder von einer anderen Spenderin kommen können (allerdings findet sich die nicht so leicht, und die Babys sind dann auch keine genetisch »eigenen«[21]), oder man lässt sich die eigenen Eierstöcke operativ entfernen, einfrieren und später wieder einsetzen.[22] Dieses Verfahren wird zum Beispiel bei Frauen angewendet, die eine stark verfrühte Menopause haben (sie kann in seltenen Fällen bereits bei Kindern oder Jugendlichen eintreten), oder bei Krebspatientinnen.

Einfacher und verbreiteter ist es natürlich, lediglich Eizellen zu entnehmen und »einzufrieren«. Das bedeutet aber, dass später zum Schwangerwerden eine IvF-Behandlung erforderlich ist, während Frauen mit transplantierten Eierstöcken durch normalen Geschlechtsverkehr schwanger werden können. All diesen Möglichkeiten gemeinsam ist, dass sie Schwangerschaften auch nach der Menopause noch möglich machen. Denn der Grund, warum Frauen ab einem gewissen Alter nicht mehr schwanger werden können, ist, dass irgendwann keine Eizellen mehr vorhanden sind, während die Gebärmutter deutlich länger funktionstüchtig bleibt. Die vielleicht älteste Frau, die bisher ein Kind zur Welt gebracht hat, ist die Inderin Rajo Devi Lohan, sie war zu diesem Zeitpunkt 71 Jahre alt.[23] Frauen, die in ihren Sechzigern Kinder geboren haben, gibt es inzwischen schon viele.

Aber auch wenn die moderne Reproduktionsmedizin die Zahl derer, die schwanger werden können, erhöht, so ändert das nichts an der prinzipiellen Tatsache, dass das Schwangerwerdenkönnen immer nur eine *Möglichkeit* ist. Ob aus dem Schwangerwerdenkönnen auch *tatsächlich* eine Schwangerschaft hervorgeht, entscheidet sich erst, wenn es in einem konkreten Fall geschieht. Für viele Menschen, die heute an die Machbarkeit medizinischer Möglichkeiten gewöhnt sind, kommt diese Erkenntnis wie ein Schock.[24] Die enge symbolische Verknüpfung von Schwangerwerdenkönnen und Weiblichkeit in unserer Kultur hat zur Folge, dass viele Frauen, wenn sie realisieren, dass sie vermutlich nicht schwanger werden können, nicht nur diese Tatsache als solche betrauern, sondern auch befürchten, etwas von ihrer Weiblichkeit zu verlieren. Wie eine »offene Wunde« beschreibt etwa die Bloggerin Rebecca ihre vergeblichen Bemühungen, schwanger zu werden: »Sich nicht als vollwertige Frau zu fühlen. All das durchzumachen ist unglaublich belastend. Vor allem, da einem – bei aller Anstrengung – nie ein positiver Ausgang garantiert wird.«[25]

Beim Schwangerwerdenkönnen kann aber niemals ein positiver Ausgang garantiert werden, denn *nicht* schwanger werden zu können ist eine normale und häufige Variante des Frauseins. Entsprechend oft ist das Thema in der kulturellen Repräsentation von Weiblichkeit bearbeitet worden: Es gibt unzählige Geschichten über davon betroffene Frauen. Die reproduktive Differenz der Menschen müsste also eigentlich genauer so formuliert werden: Es gibt Menschen, die können *vielleicht* schwanger werden, und es gibt Menschen, die können es *mit Sicherheit nicht*.

Selbst dann, wenn eine Schwangerschaft eingetreten ist, bleibt aber ungewiss, ob sie auch tatsächlich zur Geburt eines Kindes führt, weshalb man von Frauen, die schwanger waren, früher auch sagte, sie seien »guter Hoffnung«. 30 bis 40 Prozent aller Schwangerschaften enden bereits in den ersten Monaten mit einer Fehlgeburt.[26] Über dieses Thema wird nur wenig gesprochen, vielleicht auch deshalb, weil diese hohe Frequenz von natürlichen Abgängen im Embryonalstadium nicht gut zu der von den sogenannten »Lebensschützer*innen« verbreiteten Dramatik der Abtreibungsdebatte passt.[27]

Die grundsätzliche Potenzialität des Schwangerwerdenkönnens zeigt sich aber nicht nur in der biologischen Unsicherheit, die ihm inhärent ist. Sie ist auch eine Folge der freien Subjektivität der Schwangeren. Denn dass eine Schwangerschaft eintritt, bedeutet noch nicht, dass sie auch zu Ende geführt wird. Die Möglichkeit einer Abtreibung ist eine biologische Tatsache.

Abtreibungen vorzunehmen ist nicht besonders schwierig, wenn man weiß, wie es geht. Schon in der Antike wurde abgetrieben, und es zirkulierten Anleitungen dafür, wie man es macht.[28] Auch in patriarchalen Gesellschaften, in denen Abtreibungen verboten sind, finden sie statt, nur sind sie dann für die Betroffenen gefährlich, teuer, kompliziert und oft von menschenunwürdigen Umständen begleitet. Rund 47.000 Frauen sterben jedes Jahr nach einer Abtreibung, fast alle in Ländern, in denen Abtreibung illegal ist.[29] Dabei gefährden Abtreibungsverbote vor allem Frauen aus unterprivilegierten Bevölkerungsgruppen, die solche Verbote nicht unter Rückgriff auf finanzielle und soziale Ressourcen umgehen können. Sarah Diehl hat in ihrem Dokumentarfilm »Abortion Democracy« von 2008 zum Beispiel die Situation in Polen und Südafrika verglichen. In Polen ist Abtreibung verboten, aber trotzdem kommen Betroffene relativ leicht an eine sichere Abtreibung, es ist nur teuer und umständlich. In Südafrika hingegen ist Abtreibung zwar gesetzlich erlaubt ist, aber wegen generell schlechter medizinischer Versorgung und konservativer Grundhaltungen in den Kliniken bekommen Frauen in der Praxis nur schwer Zugang.[30] Der Zugang zu Abtreibung hängt also in der Realität mehr von sozialen und finanziellen Privilegien ab als von der reinen Gesetzeslage. Deshalb war die Abschaffung von Abtreibungsverboten auch schon früh nicht nur eine Forderung der Frauen-, sondern auch der Arbeiterbewegung – es handelt sich dabei sowohl um eine Geschlechter- als auch um eine soziale Frage. Auch die Armen treiben ab; sie gehen dafür eben nur ein sehr viel größeres Risiko ein als Reiche.[31]

Jede Frau, die ein Kind zur Welt bringt, ist daher eine Frau, die nicht abgetrieben hat. Das wird besonders deutlich, wenn wir die gegenwärtigen Debatten über Pränataldiagnostik anschauen und die hohen Abtreibungsraten in Fällen, in denen entsprechende Tests ergeben, dass aus einem Fötus voraussichtlich (sicher wissen lässt sich das nicht) ein Kind mit einer schweren Behinderung wird. Oder auch, wie im Fall von Trisomie 21, mit einer gar nicht mal so schweren.[32] Diese Chromosomen-Anomalie, die auch als Down-Syndrom bekannt ist und statistisch bei einem von 600 bis 700 Neugeborenen auftritt, bedeutet keineswegs ein Leben in Leid und Not. Die Betroffenen können ein glückliches, aktives Leben führen. Trotzdem werden heute schätzungsweise neun von zehn Föten mit Down-Syndrom abgetrieben, und es ist sogar schon vorgekommen, dass Eltern ihren Arzt verklagt haben, weil er die Anomalie nicht vorgeburtlich festgestellt hat.[33]

Als Gesellschaft mogeln wir uns letztlich um die ethische Frage herum, ob es legitim ist, als behindert diagnostizierte Föten abzutreiben, und erklären das Ganze zu einer moralischen Entscheidung allein der Schwangeren oder gegebenenfalls noch ihres Partners. Einerseits tut unsere Gesellschaft so, als hielte sie jedes Leben für wertvoll, andererseits ist die kulturelle Ablehnung von Menschen mit Behinderung aber unübersehbar und schlägt sich direkt in fehlender Unterstützung von Familien mit besonderen Bedarfslagen nieder – Mareice Kaiser hat das in ihrem Buch »Alles inklusive« anschaulich protokolliert und analysiert.

Eine Frau, die von meinen Recherchen für dieses Buch wusste, schrieb mir: »Ich bin derzeit schwanger und mache bei der Vorsorge die Erfahrung, dass ich mit enorm vielen Untersuchungen konfrontiert bin, deren Sinn ich nicht ganz verstehe und bei denen ich mich sehr unwohl fühle. Zusammen mit der Werbung, die auf einen einprasselt, sobald man als Zielgruppe ›Mutter‹ erkannt wird, bekomme ich schnell den Eindruck, dass das Kind eher ein Risiko für mich selbst darstellt und ich selbst ein Risiko für das Kind bin und ich deshalb diese Prozeduren am besten akzeptiere, ohne nachzufragen.«

Abtreibungen aufgrund von embryopathischen (also mit Fehlbildungen beim Embryo begründeten) Indikationen sind in Deutschland seit 1995 verboten. Deshalb müssen sie formal unter dem Vorwand vorgenommen werden, dass ein behindertes Kind das physische oder psychische Wohl der Mutter gefährde. Die Schwangere wird also nicht nur in die Situation gebracht, dass sie eine moralische Entscheidung treffen muss, während dazu widersprüchliche gesellschaftliche Botschaften auf sie einwirken. Sie wird auch noch zu falschen Aussagen genötigt und pathologisiert, so als sei sie selbst die Ursache des Problems, nicht aber die heuchlerische Kultur, in der sie lebt.[34]

Es ist selbstverständlich richtig, dass die konkrete Entscheidung auch in diesen Fällen bei der Schwangeren liegt und bei niemandem sonst. Aber sie zu treffen wäre vermutlich leichter, wenn wir uns als Gesellschaft zu einer halbwegs kohärenten Haltung durchringen könnten. Es handelt sich bei Abtreibungen aus eugenischen Gründen ja nicht einfach um die Entscheidung, kein Kind gebären zu wollen. Sondern es handelt sich um die Entscheidung, *dieses spezielle Kind* nicht gebären zu wollen, obwohl man sich eigentlich Kinder wünscht. »Das ist der entscheidende Unterschied, der begründet, warum ein*e Feminist*in gegen pränatale Untersuchungen (und auch gegen Abtreibungen nach auffälligen Ergebnissen) sein kann und gleichzeitig für ein Recht auf Schwangerschaftsabbruch eintreten kann«,[35] schreibt Kirsten Achtelik. Abtreibungen aus eugenischen Gründen erfolgen nicht bei ungewollten Schwangerschaften, sondern bei gewollten, und zwar fast schon zwangsläufig.

Im Fall von ungewollten Schwangerschaften hingegen entscheidet sich eine Mehrzahl der Frauen dafür, das Kind auszutragen, und zwar fast 60 Prozent laut einer Studie der Bundeszentrale für gesundheitliche Aufklärung aus dem Jahr 2012. Damit haben gut 40 Prozent der ungewollt Schwangeren abgetrieben.[36] Das heißt: Eine Abtreibung ist für ungewollt Schwangere durchaus eine verbreitete Option, aber sie ist nicht das, wofür sie sich standardmäßig entscheiden. Die Anti-Abtreibungs-Lobby erweckt gerne den Eindruck, dass jede Schwangere selbstverständlich das Kind austragen muss und nur in sehr seltenen Sonderfällen eventuell an eine Abtreibung denkt. Das stimmt so nicht. Wenn man ungewollt schwanger wird, ist Abtreibung ein naheliegender Gedanke. Abtreibung ist – und das war immer und überall so – eine realistische Option, und nahezu jede Frau weiß das.

Die Skandalisierung und Stigmatisierung von Abtreibungen im öffentlichen Diskurs hat nicht den Zweck, ihre Zahl zu verringern. Es gäbe sehr viel bessere und naheliegendere Möglichkeiten, schwangeren Frauen die Entscheidung für ein Kind zu erleichtern. Statt Frauen, die partout kein Kind wollen, zum Gebären zu nötigen, könnte man zum Beispiel damit anfangen, die Gründe aus der Welt zu schaffen, die Frauen auch dann zu Abtreibungen bewegen, wenn sie sich ein Leben mit Kind eigentlich vorstellen können, es ihnen aber aufgrund fehlender materieller Absicherung, fehlender Unterstützung, aus Angst davor, durch das Kind in die Beziehung zu einem Mann gedrängt zu werden und ähnlichem unmöglich erscheint.

Aber das zentrale Anliegen des Anti-Abtreibungs-Diskurses ist nicht, Schwangeren konkret mehr Optionen zu verschaffen und auf diese Weise weniger Abtreibungen notwendig zu machen. Dass der Kampf für ein Verbot von Abtreibungen so vehement geführt wird, obwohl doch die Zahl der Abtreibungen durch Verbote nicht groß beeinflusst werden kann,[37] ist nur verständlich, wenn man das Anliegen als symbolisches begreift: Die Fähigkeit, schwanger werden zu können, soll mit Unfreiheit verknüpft bleiben. Menschen mit Gebärmutter werden als passiv markiert, als »Opfer« die Zwängen ausgeliefert sind. Sie sollen vergessen, dass das Schwangerwerdenkönnen in Wirklichkeit ein Ausdruck von Freiheit ist, wie Luisa Muraro es einmal in Anlehnung an Carla Lonzi formuliert hat: »Der Embryo wird ein Projekt des menschlichen Lebens, wenn die schwangere Frau Ja sagt. Das Ja der Frau zur Mutterschaft markiert den Anfang der mütterlichen Beziehung, aus der wir alle herkommen, Frauen und Männer.«[38]

Dass Schwangerschaften nur dann zur Geburt eines Kindes führen, wenn die Schwangere in diesen Prozess einwilligt, ist allerdings sogar in der katholischen Kirche bekannt. Dort gibt es eine Tradition, die an diese Tatsache erinnert: das Fest der »Verkündigung des Herrn«. In dieser biblischen Geschichte verkündet der Engel Gabriel der jungfräulichen Maria, dass sie den Sohn Gottes gebären werde, und Maria antwortet: »Mir geschehe, wie du es gesagt hast.«[39] Von Theologen, die im Patriarchat verhaftet sind, wird das gerne so interpretiert, dass Maria eine vorbildlich demütige Haltung gegenüber Befehlen von oben zeige. Feministische Theologinnen haben jedoch zu Recht gefragt, warum es den Evangelisten überhaupt so wichtig war, diese Einwilligung Marias festzuhalten. Die Antwort lautet: Weil sie, wie alle Frauen, auch hätte Nein sagen können.[40]

Diese prinzipielle Potenzialität gilt aber nicht nur für das Schwangerwerden selbst, sondern ebenso für den Versuch, diese Fähigkeit konkreten Personen zuzuschreiben: Vom bloßen Anschauen eines Menschen kann man nicht zweifelsfrei wissen, ob dieser Mensch schwanger werden kann oder nicht. Bis zur Erfindung von Röntgenstrahlen (um 1900) und Ultraschalldiagnostik (um 1940) war es sogar gänzlich unmöglich, das reproduktive Geschlecht einer Person mit Sicherheit zu kennen. Nicht nur können Männer wie Frauen aussehen und Frauen wie Männer. Auch für alle anderen Geschlechts-Merkmale gibt es theoretisch andere Erklärungsmöglichkeiten: Der scheinbar fehlende Penis ist vielleicht einfach nur sehr klein, der gelegentliche Blutfluss vielleicht von Hämorrhoiden verursacht, der dicker werdende Bauch könnte vom vielen Essen kommen. Zu sagen, dass eine Person über eine Gebärmutter verfügt, ist letzten Endes nur eine mehr oder weniger wahrscheinliche Wette, solange man nicht in ihren Körper hineinschauen kann[41] – zumal der größte Anteil der äußerlichen Wahrnehmung von Geschlecht nicht von körperlichen Merkmalen, sondern von kultureller Performanz beeinflusst ist. Man denke etwa an den Fall von Umweltministerin Barbara Hendricks, die im Herbst 2016 von einer iranischen Politikerin bei einem Treffen in Berlin mit Handschlag begrüßt wurde. Das sorgte in Iran für ziemliche Aufregung, denn viele dort hielten Hendricks aufgrund ihrer äußeren Erscheinung für einen Mann, und nach Ansicht patriarchaler Koranauslegungen dürfen Musliminnen Männern nicht die Hand geben. Eine Nachrichtenagentur stellte dann jedoch klar, dass Hendricks eine Frau ist, obwohl sie auf den gezeigten Filmaufnahmen »wie ein Mann aussieht«.[42]

Es gibt eine Legende, die das Wissen um die prinzipielle Unsicherheit einer Geschlechtsfestlegung per Augenschein festhält, und zwar die von der Päpstin Johanna. Sie soll laut den Geschichten, die sich um sie ranken, im 8. Jahrhundert als Johannes Anglicus eine steile Karriere in der Kirche absolviert haben und sogar schließlich Papst geworden sein. Alle glaubten, sie sei ein Mann, bis sie während einer öffentlichen Prozession ein Kind gebar. Damit war sie als »Weib« entlarvt. Für ein Kind, das aus der Vagina herauskommt, gibt es beim besten Willen keine andere Erklärung als die, dass die betreffende Person schwanger werden konnte.

Die Geschichte von der päpstlichen Geburt mitten in einer Prozession ist einigermaßen skurril, und in der Tat handelt es sich um eine Legende. Wirklich gegeben hat es die Päpstin Johanna mit ziemlicher Sicherheit nicht. Umso besser konnte sie durch die Jahrhunderte für alle möglichen Anliegen herangezogen werden. Den Protestanten diente sie als Beleg dafür, dass die päpstliche Sukzession der römisch-katholischen Kirche (also die direkte Herleitung des Papstamts vom Apostel Petrus) eine Lücke aufweist – eine Frau auf dem Papststuhl zählte ja nicht. Den Feministinnen diente sie als Beweis dafür, dass Frauen alles können, was Männer können, und nur durch patriarchale Konventionen daran gehindert werden. Heute dient sie – oder vielmehr »er« – als Beleg dafür, dass es schon immer trans Männer gegeben habe.[43]

Es ist naheliegend, dass in Gesellschaften, die Menschen mit Gebärmutter als »Frauen« kategorisieren und ihnen dann alles mögliche verbieten, die Betroffenen versuchen werden, dieses System zu unterlaufen. Weil es eben vergleichsweise leicht ist, als Mann aufzutreten. Scharenweise haben sich Autorinnen im

Lauf der Geschichte männliche Pseudonyme gegeben, damit ihre Arbeiten nicht von vornherein wegen ihres Geschlechts abgelehnt werden. Auch heute sind im Internet viele weibliche Menschen mit männlich oder neutral wirkenden Avataren unterwegs, weil es sich in bestimmten Foren und Plattformen kaum aushalten lässt, wenn die Leute wissen, dass du eine Frau bist. Patriarchate bringen systematisch Frauen hervor, die sich als Männer ausgeben. Es gab sie in allen Jahrhunderten. Die meisten von ihnen sind natürlich nicht Papst geworden, aber vielleicht Soldat, Lehrer oder Dorfpriester, oder auch einfach nur der Ehemann der Frau, die sie liebten, wie die Spanierin Elisa Sánchez Loriga, die 1901 unter dem Namen Mario Sanchez ihre Geliebte Marcela Gracia Ibeas heiratete.[44] Manche dieser Personen waren möglicherweise trans Männer, die meisten aber wohl nicht, sondern eben einfach Frauen, die es aus naheliegenden Gründen vorzogen, ihr Frausein vor der Öffentlichkeit zu leugnen. Diese Art der »Vermännlichung« geschieht im Übrigen nicht unbedingt heimlich. In Albanien ist es eine akzeptierte soziale Praxis, dass manche Mädchen, vor allem aus Familien, die keine Söhne haben, männlich sozialisiert werden. Manche beschließen auch erst im jugendlichen oder erwachsenen Alter, als Männer zu leben. Obwohl allgemein bekannt ist, dass sie mit Uterus geboren wurden, werden sie als Männer anerkannt und respektiert, solange sie überzeugend als solche »performen«.[45]

Es liegt natürlich auf der Hand, dass eine Kultur, in der Frauen sich als Männer ausgeben müssen, um sexistischer Diskriminierung zu entgehen, kein Beispiel für geschlechterpolitische Freiheit oder Vielfalt ist, sondern im Gegenteil Beispiel einer extremen Stereotypisierung von Geschlechtsrollen, also von Unfreiheit. Und wie für die Päpstin Johanna, so gilt auch für ihre modernen Nachfahrinnen, dass sie – egal ob ihre Vermännlichung heimlich oder offen geschieht – eines auf gar keinen Fall dürfen, nämlich schwanger werden. Nichts zerstört die

Darstellung von Männlichkeit radikaler. Das ist auch der Grund, warum trans Weiblichkeit, also die Existenz von Frauen mit Penis, Hoden und Prostata, das traditionelle System der Zweigeschlechtlichkeit nicht im Kern herausfordert, trans Männlichkeit, also die Existenz von Männern mit Gebärmuttern, aber schon.[46]

Doch nicht nur, wenn man als Mann wahrgenommen werden will, ist Schwangerwerden ein Problem. Auch Frauen, die sich emanzipieren, also »den Männern gleichgestellt« sein wollen, riskieren einiges, wenn sie schwanger werden. Bis in die 1950er Jahre verloren Beamtinnen in Deutschland automatisch ihren Job, wenn sie heirateten und damit in die Nähe einer Schwangerschaft gerieten – die entsprechende »Zölibatsklausel« im Deutschen Beamtengesetz wurde erst 1950 abgemildert und 1957 aufgehoben. Für evangelische Pfarrerinnen galt der Zölibat sogar bis Ende der 1960er Jahre. Frauen in Männerberufen sind in gleichgestellten Gesellschaften akzeptiert, aber nur, solange sie wie Männer auftreten. Und das bedeutet: nicht schwanger werden. Die gesamte Frauenemanzipationsgeschichte, so scheint es, ist in dieser Hinsicht von doppelten Etappen geprägt: Zunächst müssen Frauen dafür kämpfen, überhaupt gleichberechtigt zu sein. Und dann müssen sie in einem zweiten Schritt noch einmal dafür kämpfen, dass sie auch als (möglicherweise) Schwangere noch gleichberechtigt sind.

Hormone, Chromosomen, Uteri – zur Biologie von Geschlecht

Es gibt einen feministischen Witz, in dem alternative Antworten auf die lästige Frage gegeben werden, die so viele Eltern mit Blick auf ihre Babys ständig zu hören bekommen: »Was ist es denn?« Anstatt dann wie erwartet mit »ein Junge« oder »ein Mädchen« zu antworten, wird vorgeschlagen: »Ich weiß nicht, es kann noch nicht sprechen.«

Meine Lieblingsantwort wäre ja eine Gegenfrage: »Warum willst du wissen, ob mein Baby später einmal schwanger werden kann?« Diese bewusste Redukation würde nämlich klarmachen, dass mit der Auskunft »Es ist ein Mädchen« oder »Es ist ein Junge« viel mehr verbunden ist als eine bloße Prognose über die zukünftigen reproduktiven Fähigkeiten des Kindes. Die Vorstellungen, die wir uns von Geschlecht, von Weiblichkeit und Männlichkeit machen, sind davon zwar geprägt. Aber sie gehen in der reproduktiven Differenz nicht auf. Das Thema ist komplex und lässt sich nicht mit einer einfachen Unterscheidung zwischen »Sex« (also biologischem Geschlecht) und »Gender« (sozial hergestellten Geschlechterrollen) lösen.[1] Schon die Biologie ist komplizierter und weniger eindeutig, als viele annehmen. Aber auch unser Blick auf Biologie und Körperlichkeit ist immer bereits von symbolischen Annahmen zu Geschlechterdifferenzen geprägt. »Sex« und »Gender« lassen sich zwar begrifflich unterscheiden, aber konkret gar nicht voneinander trennen.

Bei der Frage, was wir unter »Geschlecht« verstehen, handelt es sich um ein politisches Thema, nicht um ein wissenschaftliches. Es gibt kein Naturrecht, wonach sich aus einem biologischen Sachverhalt zwingend eine bestimmte kulturelle Regelung ableiten ließe. Dass wir geschlechtsspezifische Kleidung, »gegenderte« Produkte und ein komplexes symbolisches System der Zweigeschlechtlichkeit haben, beweist das ja: Würde »Geschlecht« einfach nur die reproduktive Differenz zwischen Menschen mit und ohne Gebärmutter bezeichnen, gäbe es keinen Grund, schon gleich nach der Geburt (oder sogar schon vorher) wissen zu wollen, ob es ein »Junge« oder ein »Mädchen« ist. Die logische Erklärung für diese Frage ist, dass Kinder schon möglichst früh in Richtung auf eine bestimmte soziale Rolle hin beeinflusst werden sollen. Weil »Weiblichkeit und »Männlichkeit« nämlich gerade nicht natürlicherweise existieren, sondern sorgfältig anerzogen werden müssen.

Dank der Frauenbewegung haben sich viele starre Vorgaben und Geschlechternormen bereits gelockert. Die meisten gesellschaftlichen Möglichkeiten stehen heute auch Menschen offen, die schwanger werden können. Geschlechtsidentitäten sind vielfältiger geworden, und weder der persönliche Lebensweg noch die Möglichkeiten, der eigenen Identität Ausdruck zu verleihen, sind von der reproduktiven Differenz zwingend vorherbestimmt und festgelegt.

Allerdings hat sich in den vergangenen Jahren auch wieder ein aggressiver Antifeminismus formiert, der alle lauthals bekämpft, die für freiheitliche Geschlechterverhältnisse eintreten. Von Trump bis Putin, von Erdogan bis Bolsonaro, von der AfD bis zu Maskulinisten rund um den Globus wettern Rechtsautoritäre gegen eine angebliche »Gender-Ideologie«. Es handelt sich dabei nicht einfach um eine politische Auseinandersetzung, im Gegenteil: Die Debatte über Geschlechterthemen soll gerade unterbunden werden. Die ungarische Rechtsregierung hat Gender Studies an den Universitäten verboten, die US-Regierung unter Trump will die legale Existenz von Transgender-Personen abschaffen, in Russland ist bereits die öffentliche Erwähnung von Homosexualität unter Strafe gestellt, und in Deutschland wollen die AfD und evangelikal-christliche Gruppierungen verhindern, dass ein Thema wie sexuelle Vielfalt im Schulunterricht auch nur angesprochen darf.

Die zentrale Behauptung dieser Bewegungen ist, dass sich über Geschlecht nicht diskutieren lasse, weil Geschlechterrollen von der Natur vorgegeben seien. »Wiederherstellung der natürlichen Ordnung« lautet der Titel eines Handbuchs mit Strategien eines europäischen Netzwerks, in dem sich 100 Organisationen aus 30 Ländern zum koordinierten Kampf gegen die Rechte von Frauen, von Schwulen und Lesben, von trans und anderen queeren Personen zusammengeschlossen haben.[2]

Die Anti-Gender-Propaganda der radikalen Rechten fällt teilweise auch in der gesellschaftlichen Mitte auf fruchtbaren Boden. Im Unterschied zu vielen anderen politischen Themen berühren Geschlechterverhältnisse die unmittelbare Lebenswelt aller Menschen – alle haben ein Geschlecht, alle sind betroffen und können aus dem eigenen Erleben etwas dazu sagen. Das Modell der Zweigeschlechtlichkeit ist seit Jahrhunderten, ja Jahrtausenden ein zentrales Ordnungsprinzip für unsere Kultur. Als Strukturmerkmal prägt es nicht nur Gesetze, Gewohnheiten, Vorstellungswelten, sondern auch das Unbewusste, wie Christina von Braun feststellt.[3] Die Existenz von zwei Geschlechtern, männlich und weiblich, deckt sich deshalb mit der erlebten Lebensrealität der meisten Menschen: Ist es denn nicht einfach *wahr*, dass Frauen und Männer unterschiedliche Rollen in Bezug auf die Fortpflanzung haben? Ist es denn nicht *wahr*, dass es eine biologische Differenz gibt, die Auswirkungen hat und sich nicht einfach »dekonstruieren« lässt?

Während der traditionelle Feminismus vor allem die hierarchische und normative Überordnung des Männlichen kritisiert hat und der Naturalisierung und Entpolitisierung des Weiblichen entgegengetreten ist, wollen Queer-Feminist*innen heute das System der Zweigeschlechtlichkeit als solches abschaffen. Das bedeutet nicht zwangsläufig, dass sie biologische Unterschiede leugnen: »Nicht jeder Mensch hat eine Gebärmutter. Manche ja, manche nein«,[4] heißt es zum Beispiel in einem Kinderbuch. Und das Magazin »Queerulant_in« stellt klar: »Männer, die schwanger werden wollen, benötigen dazu einen Menstruationszyklus.«[5]

Tatsächlich ist die Gebärmutter das einzige »monosexuelle« Organ, das es gibt. Bereits seit der Antike wissen Forscher wie Galenos von Pergamon (er wirkte im 2. Jahrhundert in Rom), dass die geschlechtlich ausdifferenzierten menschlichen Organe üblicherweise komplementär sind. Galenos irrte sich zwar in manchen Details, hatte aber, was das Prinzip der Komplementarität betrifft, recht: Die Hoden entsprechen den Eierstöcken, der Penis der Klitoris, der Hodensack den Schamlippen und so weiter. Bei all diesen Organen handelt es sich letzten Endes um unterschiedliche Variationen von ein- und derselben Sache, weshalb es auch Übergangs- und Zwischenformen gibt. Einzige Ausnahme ist die Gebärmutter. Für sie existiert kein Pendant. Bei Embryonen, die sich gebärmutterlos entwickeln, sorgt ein Hormon (das »Anti-Müller-Hormon«) dafür, dass die Anlage zur Gebärmutter abstirbt. Der Uterus ist also das einzige Organ, bei dem es sich nicht um ein »so oder so« handelt, sondern um »einen klaren Fall von Entweder-oder, Haben oder Nichthaben«,[6] wie die Wissenschaftsjournalistin Natalie Angier schreibt. Die Gebärmutter ist (gemeinsam mit der nur im Fall einer Schwangerschaft entstehenden Plazenta) also ein wirklich »binäres« Organ des menschlichen Körpers; entweder man hat eine oder nicht.

Was machen wir nun aus diesem Befund? Ist die Binarität des Uterus Grund genug, auch in sozialer Hinsicht von einer »binären Zweigeschlechtlichkeit« auszugehen? Oder nicht? Wäre ein Geschlechtermodell vielfältiger Varianten besser? Einen wichtigen Anstoß zur Hinterfragung der zweigeschlechtlichen Ordnung gab die Philosophin Judith Butler mit ihrem 1990 erschienenen Buch »Das Unbehagen der Geschlechter«. Es wird häufig behauptet, Butler habe darin nachgewiesen, dass nicht nur das soziale, sondern auch das biologische Geschlecht »konstruiert« sei, dass also eine biologische Differenz der Geschlechter »in Wahrheit« gar nicht existieren würde.[7] Butler schreibt allerdings nicht, dass es keine biologischen Geschlechterunterschiede gäbe, sondern dass wir Menschen keinen *Zugang* zu biologischen Tatsachen haben, der nicht selbst schon sozial konstruiert wäre. Das ist etwas ganz anderes.

Mit dieser Analyse hat sie sicherlich recht, auch wenn sie nicht besonders überraschend oder radikal ist. Denn, klar: Sobald wir versuchen, uns über die biologische Geschlechterdifferenz zu verständigen (oder, wie ich jetzt gerade, einen Text darüber zu schreiben), tun wir das bereits im Rahmen einer symbolischen Ordnung, die unsere Gedanken, Gewohnheiten, Phantasien ebenso prägt, wie sie die Bedingungen dafür umreißt, was sagbar und unsagbar ist, was wir uns vorstellen können und was nicht. Alles, was wir über das biologische Geschlecht oder über die menschliche Reproduktion sagen und schreiben (können), ist bereits von gesellschaftlichen Umständen, von unserer Kultur beeinflusst. Wir können unmöglich etwas »objektiv Wahres« über die biologische Geschlechterdifferenz sagen. Der Grund dafür liegt aber nicht an der Biologie als solcher, sondern bei uns: Wir haben als Menschen keinen distanzierten Zugriff auf die Welt, denn unser Urteil ist immer bereits selbst Teil davon.

Möglicherweise wäre es also besser, wir würden Geschlecht anders verstehen als bisher. Sollten wir in »Männlichkeit« und »Weiblichkeit« nicht länger einen Spiegel reproduktiver biologischer Verhältnisse sehen, sondern soziale Ausdrucksformen geschlechtlicher Identitäten, die dementsprechend auch nicht auf zwei Varianten beschränkt sein müssen? Tatsächlich sind viele queerfeministische Aktivist*innen heute der Ansicht, dass zwischen Biologie und Körperlichkeit auf der einen Seite und Geschlechtsidentitäten auf der anderen überhaupt kein Zusammenhang hergestellt werden sollte. Es sei anmaßend, aufgrund des Körpers einer Person auf ihr Geschlecht zu schließen, denn das zweigeschlechtliche Modell beschreibe nicht die reproduktive Funktion der Menschen, sondern installiere ein Herrschaftssystem.

Diese Idee ist von Judith Butler popularisiert worden, sie geht aber bereits auf die französische Schriftstellerin Monique Wittig zurück, die sie in den 1960er und 1970er Jahren entwickelt hat, und auf die sich Butler in ihrer Analyse stark bezieht – Wittig lebte und lehrte ab 1976 in den USA. Von ihr stammt auch bereits der Vorschlag, »nicht ein oder zwei, sondern viele Geschlechter, so viele Geschlechter wie Individuen«[8] zu denken. »Frau«, so Wittigs These, ist als Diskurssubjekt nicht denkbar ohne Bezug auf das Männliche, und deshalb, so ihr berühmtes Bonmot, »sind Lesben keine Frauen.«

Wittigs Weigerung, sich als »Frau« zu bezeichnen, bedeutet aber keineswegs, dass sie die körperlichen Unterschiede in Bezug auf das reproduktive Geschlecht ignorierte oder ihren keine Bedeutung zumaß. In ihrem 1969 erschienenen Roman »Les Guérillères« über eine kriegerische, die Männer besiegende Frauengesellschaft zum Beispiel wimmelt es nur so von Vulven und Schamlippen, und in Wittigs Imagination – zumindest in der damaligen Zeit – haben die nicht-weiblichen Lesben, über die sie schreibt, definitiv keine Penisse.[9] Sie beschreibt eine Utopie, in der »Feminarien« (also kulturelle Verweise auf so etwas wie »Weiblichkeit«) überflüssig geworden sind, weil Menschen mit Vulven und Schamlippen keine Sondergruppe mehr darstellen, sondern zu den »Menschen an sich« geworden sind. Sie beziehen sich ausschließlich aufeinander und nicht auf so etwas wie »Männer«, und deshalb ist Geschlecht für sie keine relevante Kategorie.[10]

Monique Wittig ist 2003 gestorben, deshalb wissen wir

nicht, wie sie sich heute zum Verhältnis von Geschlechtsidentität und Körperlichkeit positionieren würde. Es ging ihr aber gewiss nicht darum, neue Geschlechterdefinitionen zu entwerfen (und auch nicht um Biologie), sondern um die Frage der Subjektpositionierung jener Menschen, die von einer patriarchalen Kultur als »weiblich« bezeichnet werden.

Antoinette Fouque, die im französischen MLF (*Mouvement de libération des femmes*) eine Freundin und Mitstreiterin von Monique Wittig gewesen war, ging von ähnlichen Überlegungen aus, kam aber zu der Überzeugung, dass es »zwei Geschlechter« geben müsse, damit eine eigenständige Subjektwerdung von Frauen möglich wäre.[11] Zwischen diesen beiden feministischen Auffassungen besteht ein inhaltlicher Konflikt, doch der dreht sich nicht um Fragen des biologischen Körpers oder der Reproduktionsorgane. Wittig und Fouque (und viele andere, die sich in der Sache zu Wort gemeldet haben), vertreten unterschiedliche Ansichten, wie eine weibliche Subjektwerdung innerhalb einer Kultur, die ein weibliches Subjekt prinzipiell nicht vorsieht, dennoch möglich sein könnte. Aber ihre Überlegungen lassen sich nicht gegen die Relevanz der reproduktiven Differenz ins Feld führen.

Manche heutigen Geschlechtertheorien stellen aber tatsächlich auch die Existenz von zwei biologisch unterscheidbaren Geschlechtern infrage, zumindest auf der Ebene des Plakativen. »Geschlecht ist nicht binär« lautete zum Beispiel die Überschrift eines viel gelesenen Artikels der Biologieprofessorin Anne Fausto-Sterling im Oktober 2018 in der New York Times, in dem sie ausführlich die zahlreichen Uneindeutigkeiten der biologischen Geschlechtlichkeit erläutert und zu dem Schluss kommt, dass es nicht möglich sei, »ein männliches oder weibliches Geschlecht kategorisch und dauerhaft zuzuweisen, indem man lediglich einen Blick auf den Intimbereich eines Babys wirft«.[12] Ähnlich die trans Aktivistin Felicia Ewert, die schreibt, es sei unmöglich, »Geschlecht stets binär und exakt von Körpern ab(zu)lesen«.[13]

Beides ist zweifellos richtig – allerdings ist es ja auch gar nicht erforderlich, jedem Baby »kategorisch und dauerhaft« ein männliches oder weibliches Geschlecht zuzuweisen oder Geschlecht »stets binär und exakt« von Körpern abzulesen, um eine biologische Zweigeschlechtlichkeit plausibel zu finden. Es genügt vollkommen, wenn das im Großen und Ganzen möglich ist.

Der (politische) Vorschlag, das Konzept Zweigeschlechtlichkeit durch ein anderes Konzept zu ersetzen, führt sich selbst ad absurdum, wenn er mit naturalistischen Begründungen wie »Die Natur ist ja auch nicht binär« begründet wird. Dass die Natur uns keine Geschlechterkonzepte vorgibt, sollten wir nach der Lektüre von Butler doch eigentlich verstanden haben. Zumal man auch schon sehr bemüht argumentieren muss, um die offensichtlich vorhandene biologische »Zweiheit« menschlicher Körper wegzudiskutieren. Ja, es ist richtig, dass es in der Natur keinen vollständig »binär« abgrenzbaren Geschlechterdualismus gibt, und es ist ebenfalls richtig, dass biologische Geschlechterkonzepte komplex und differenziert sein müssen. Aber Tatsache bleibt, dass es zwei ziemlich deutlich voneinander abgrenzbare Varianten menschlicher Körper gibt, die eng mit zwei unterschiedlichen reproduktiven Fähigkeiten korrelieren. Ausnahmen sind vorhanden, aber in einem überschaubaren Ausmaß. Selbst bei allergroßzügigster Auslegung entsprechen mehr als 98 Prozent aller Neugeborenen einer eng gefassten zweigeschlechtlichen Norm, sowohl was das Aussehen ihrer Genitalien betrifft als auch bezüglich ihrer reproduktiven Organe.

Ob man eine Abweichung von ein bis zwei Prozent für viel oder für wenig hält, hängt natürlich auch davon ab, wie man die Zahlenverhältnisse beurteilt. Aus naturwissenschaftlicher Sicht, also aus der Perspektive einer Biologin etwa, ist eine Abweichung von einem Prozent ziemlich relevant. Tritt zum Beispiel bei einem Medikament eine Nebenwirkung in einem von hundert Fällen auf, gilt das mit gutem Grund als »häufig«. In sozialen oder politischen Kontexten ist das aber anders. Wenn eine Gruppe nur ein bis zwei Prozent der Bevölkerung stellt, ist sie nach allgemeiner Auffassung eine kleine Minderheit, und es wird der Mehrheit von 98 bis 99 Prozent nicht einleuchten, warum etwas, das nur diese kleine Gruppe tut, als »genauso normal« gelten soll wie das, was alle anderen tun.

Der Risikoforscher Nassim Taleb macht auf eine interessante Dynamik aufmerksam, wonach auch sehr kleine Minderheiten großen gesellschaftlichen Einfluss entfalten können, und zwar, wenn sie besonders prinzipientreu sind: Wenn die Angehörigen einer Minderheit unter keinen Umständen bereit sind, von ihren Überzeugungen abzuweichen, ist es für die Mehrheit in der Regel einfacher, ihren Forderungen zu entsprechen, als dauernd zu streiten. Allerdings muss die Minderheit wenigstens drei bis vier Prozent ausmachen, damit das funktioniert.[14]

»Normal« zu sein bedeutet zudem in der Alltagssprache etwas anderes als im wissenschaftlichen Kontext. Wenn Menschen etwas als »normal« bezeichnen, so meinen sie, dass es üblich, verbreitet, gewöhnlich ist, und nicht, dass es sich um eine verbindliche Vorgabe handelt, um eine »Norm«, an die sich ausnahmslos alle »stets und exakt« halten müssen. Wenn zwei von hundert Personen nicht eindeutig als männlich oder weiblich klassifiziert werden können, widerlegt dies deshalb nicht die Aussage, dass es unter den Menschen »normal« ist, entweder eine Frau oder ein Mann zu sein.

Eine andere Quelle von Missverständnissen ist die Frage, was überhaupt das zentrale biologische Kriterium in Bezug auf die Geschlechterdifferenz sein soll. Üblicherweise wird heute der biologische Kern von Geschlecht in den Genitalien, Chromosomen oder Hormonen verortet, und so gesehen ließe sich tatsächlich argumentieren, dass es nicht genau zwei Geschlechter gibt, sondern zahlreiche Kombinationen und Zwischentöne. Chromosomen, Genitalien und Hormone sind allerdings lediglich *Merkmale* von Geschlecht. Sie *verweisen* auf das reproduktive Geschlecht, sie *sind* es aber nicht. Das Geschlecht einer Person wird zwar aufgrund von Merkmalen wie Haarwuchs, Blutfluss, Körperformen und so weiter eingeschätzt, aber nur, weil man in den Körper eben nicht so ohne Weiteres hineinschauen kann. Bezüglich der Existenz einer Gebärmutter ist man auf Vermutungen angewiesen, wenn man nicht jedes Gegenüber erst einmal ins MRT schieben will. Die Hinweise, die die äußeren Geschlechtsmerkmale geben, können falsch, uneindeutig, irreführend sein. Das heißt aber nicht, dass das, worauf sie hinweisen, nicht existiert. Jede Person kann entweder schwanger werden oder nicht, genauso wie Schrödingers Katze entweder lebt oder tot ist. Außerhalb von dessen berühmtem physikalischem Gedankenexperiment trifft nur einer der beiden Sachverhalte zu, der andere nicht, denn hier haben wir es hier nicht mit Quantenmechanik zu tun. Manchmal liegt man halt nur falsch mit der Vermutung, welche der beiden Optionen zutrifft.

Die biologische Intersexualität, so wie sie heute diskutiert wird, hat praktisch nichts mit dem reproduktiven Geschlecht einer Person zu tun, sondern beschreibt lediglich eine Uneindeutigkeit von Geschlechtsmerkmalen. Es gibt allerdings auch Fälle von sogenanntem »Hermaphroditismus verus«, also Menschen, die die reproduktiven Organe *beider* Geschlechter haben und daher in reproduktiver Hinsicht wirklich »intersexuell« sind: Sie werden mit Eierstöcken und Hoden, mit Gebärmutter und Prostata, mit Vagina und Penis geboren, und manche ihrer Zellen enthalten XX-Chromosomen, andere XY-Chromosomen. Echte Hermaphroditen können sowohl Kinder gebären als auch Samengeber für die Schwangerschaft anderer sein – wenn ihnen nicht die reproduktiven Organe operativ entfernt wurden, was leider häufig auch ohne medizinische Indikation geschieht. Echte Hermaphroditen sind aber sehr selten, in der Größenordnung von 1:20.000 bis 1:100.000.[15]

Bei den meisten Fällen von dem, was heute als »Intersexualität« bezeichnet wird, handelt es sich lediglich um Abweichungen von der Norm dessen, was als »typische« Geschlechtlichkeit definiert wurde. Der »typisch männliche« Mensch hat laut einer Metastudie über Geschlechtsvarianzen »XY-Chromosomen, Hoden, die sich innerhalb des Hodensacks befinden und Sperma produzieren, das über den Samenleiter zur Harnröhre transportiert und außerhalb des Körpers ejakuliert werden kann. Die Penislänge bei der Geburt ist 2,5 bis 4,5 Zentimeter lang ...« (Es folgen noch einige weitere Spezifikationen.) Der »typisch weibliche« Mensch hingegen »hat zwei X-Chromosomen, funktionierende Eierstöcke, die eine weibliche Pubertät sicherstellen, Eileiter, die zu einer Gebärmutter führen, einen Gebärmutterhals und eine Vagina, innere und äußere Schamlippen und eine Klitoris, die bei der Geburt zwischen 0,2 und 0,85 Zentimeter groß ist.«[16] 98,3 Prozent aller Neugeborenen erfüllen diese Kriterien und sind also »normal« weiblich oder männlich. Nur 1,7 Prozent erfüllen diese (sehr eng gefassten) Normen nicht.

Biologisch gesehen handelt es sich bei diesen 1,7 Prozent nicht um Menschen mit »Sexualdifferenzierungsstörungen«, wie manchmal behauptet wird, sondern einfach um seltenere Varianten der menschlichen Vielfalt. In der Regel sind diese Personen gesund und ihre Körper unproblematisch. Die meisten verstehen sich auch keineswegs als intersexuell, sondern als »ganz normal« weiblich oder männlich. Bei Menschen mit Gebärmutter und XX-Chromosomen zum Beispiel kann eine Hormonstörung, das sogenannte Androgenitale Syndrom, zu einem »vermännlichten« Aussehen führen, etwa einer vergrößerten Klitoris. Manchmal treten solche Symptome auch erst später im Leben auf, etwa in Form von vermehrter Körperbehaarung. Andersherum gibt es Menschen mit XY-Chromosomen, die jedoch äußerlich weibliche Genitalien haben und sogar ganz besonders dem Weiblichkeitsideal entsprechen: kaum Körperbehaarung, reine Haut, großer Busen. Das Phänomen heißt »Androgen-Insensitivitäts-Syndrom« (AIS) und bedeutet, dass der Embryo nicht auf die Hormone anspricht, die für die Ausbildung von Penis und Hodensack zuständig sind. Es handelt sich also »eigentlich« (also laut einer Chromosomenanalyse) um Männer, aber die meisten dieser Menschen verstehen sich als Frauen und werden auch von anderen dafür gehalten.[17]

Neben Hormonen können auch Chromosomen für Abweichungen von der Norm verantwortlich sein. So gibt es Chromosomensätze, die von der idealtypischen XX oder XY-Variante abweichen (zum Beispiel X0 oder XXY), und sie ziehen häufig körperliche Symptome nach sich, die den eng definierten Geschlechternormen nicht mehr entsprechen. Die Einordnung solcher Fälle als »Störung« oder auch als »intersexuell« hat fast immer nur mit sozial gesetzten Normen zu tun. Die meisten dieser Menschen können durchaus schwanger werden oder als Samengeber zur Schwangerschaft anderer beitragen – manchmal allerdings mit geringerer Wahrscheinlichkeit. Es gibt aber auch Fälle, in denen reproduktive Organe ganz oder teilweise fehlen, wie bei den bereits erwähnten Frauen mit MKRH-Syndrom, was aber oft bei der Geburt gar nicht erkannt wird, da die betreffenden Babys eindeutig wirkende Genitalien haben. Die allermeisten dieser Menschen leben ohne jeden Zweifel als Männer oder Frauen, können nur keine Kinder gebären oder zeugen.

Je enger die Kriterien für »korrekte« biologische Männlichkeit und Weiblichkeit gezogen werden, umso größer wird der Anteil von »Intersexualität«. Mag sein, dass es »in der Natur« genauso viele Intersexuelle wie Rothaarige gibt, wie in letzter Zeit manchmal behauptet wird.[18] Das stimmt aber nur, wenn man vielen Frauen und Männern abspricht, »richtige« Frauen und Männer zu sein, bloß weil ihre Körper etwas aus der Norm fallen.

Trotzdem gibt es gute Gründe, die kulturelle Aufteilung in binäre Geschlechter zu hinterfragen. Hinweise auf eine *biologische* Uneindeutigkeit von Geschlechtsmerkmalen gehören aber nicht dazu. Die große Mehrzahl von Menschen, die sich heute als »nicht binär« oder »a-gender« beschreibt, um deutlich zu machen, dass sie sich außerhalb einer zweigeschlechtlichen Ordnung positionieren, haben keine *biologisch* uneindeutigen Körper, sondern wurden (ebenso wie weibliche und männliche trans Personen) mit einem Körper geboren, der durchaus einer der beiden reproduktiven Varianten zugeordnet werden kann.

Seit 2019 gibt es in Deutschland neben »männlich« und »weiblich« eine weitere Kategorie im Personenstandsregister: »divers«.[19] Im Rahmen dieser Debatte haben naturrechtliche Argumente teilweise eine regelrechte Renaissance erlebt. Eine Bekannte etwa schrieb auf meiner Facebook-Pinnwand, Zweigeschlechtlichkeit sei »wider die Natur«. Und ein Artikel in der »Zeit« endete mit den Worten: »Die Natur ist so, wie sie ist: vielfältig und ohne eine einzige Störung. Es ist die Kultur, die kategorisiert, einschränkt und ausschließt. Von diesem Jahr an tut sie das in Deutschland ein bisschen weniger.«[20] Aber die Antwort auf eine patriarchale, herrschaftsvolle Kultur kann nicht »Natur« lauten, es kann nur *eine andere Kultur* sein. Intersexualität ist ein soziales Phänomen.

Was die menschliche Biologie betrifft, so gibt es einen realen Unterschied in Bezug auf reproduktive Fähigkeiten und Organe, und der äußere Augenschein bei der Geburt ist auch tatsächlich geeignet, diesen Status mit hoher Wahrscheinlichkeit vorherzusagen. Man kann einem Neugeborenen in aller Regel ansehen, ob es später einmal schwanger werden kann oder nicht, in mehr als 98 Prozent aller Fälle ist die Prognose richtig. Manche Menschen stört das, vor allem wegen der mit der reproduktiven Prognose verbundenen Geschlechtszuweisungen, und sie verändern diesen Umstand später durch selbst gewählte körperliche Modifikationen, etwa durch Hormoneinnahme oder kosmetische Operationen.[21] Menschen haben ihre Körper immer modifiziert, und spätestens seit Donna Haraways »Cyborg Manifesto« aus dem Jahr 1980 sind auch die feministischen und geschlechterpolitischen Aspekte der körperlichen Verwobenheit von Kultur und Natur in der Diskussion.[22] Es gibt keine »natürlichen« Körper, sondern nur kulturell gestaltete.

Festzuhalten, dass nicht »die Natur« uns dazu drängt, Alternativen zur zweigeschlechtlichen Logik zu suchen, sondern unser eigenes Begehren, unsere Sehnsucht nach einer anderen Geschlechterkultur, mindert selbstverständlich nicht die Notwendigkeit, für die Anliegen intersexueller Menschen einzutreten. Doch Forderungen nach Anerkennung weiterer Geschlechtsidentitäten neben weiblich und männlich oder nach einer Abschaffung jeglicher geschlechtlicher Markierungen, wie es kürzlich Lann Hornscheidt und Lio Oppenländer in ihrem Praxisbuch »Exit Gender« vorschlagen, können eben nicht mit der »Natürlichkeit« von Körpern begründet werden.[23]

Ein wichtiges Anliegen ist es, medizinisch nicht notwendige Operationen an Babys als Genitalverstümmelung zu ächten und zu verbieten.[24] Die *Intersex Society of North America* schätzt, dass bei mehr als einer von tausend Geburten das Erscheinungsbild der Genitalien durch chirurgische Eingriffe »normalisiert« wird. In der großen Mehrzahl geht es bei diesen Operationen weder um medizinische Notwendigkeiten, noch hängen sie auch nur mit einer Uneindeutigkeit in Bezug auf das reproduktive Geschlecht zusammen. Ihr Ziel ist vielmehr, konkrete geschlechtliche Körper – nämlich die der geborenen Kinder – mit sozialen Vorstellungen davon in Übereinstimmung zu bringen, wie geschlechtliche Körper auszusehen hätten.

Es waren im Übrigen Ärzte und Chirurgen, die durch die Praxis der Genitaloperationen an Kindern, deren Aussehen nicht der Norm entspricht, als erste das Auseinanderfallen von reproduktivem Geschlecht und äußeren Geschlechtsmerkmalen angestoßen haben. Ihnen ging es nicht um die Frage, ob eine Person später einmal schwanger werden kann oder nicht, sondern um optische Konformität. Einem Baby, dem man den für zu kurz gehaltenen Penis amputiert und es man dann »als Mädchen« aufzieht, wächst deshalb ja keine Gebärmutter. Die exakte Einordnung von Menschen in ein zweigeschlechtliches System beschränkte sich historisch gerade *nicht* darauf, aus körperlichen Merkmalen auf eine wahrscheinliche reproduktive Fähigkeit zu schließen, sondern dieser Zusammenhang wurde umso unwichtiger, je normierter das geschlechtlich akzeptierte äußerliche Aussehen eines Körpers wurde und je ausdifferenzierter das sozial konforme geschlechtstypische Verhalten, also das »doing gender«. Nicht Feministinnen haben die Idee in die Welt gesetzt, dass Geschlechtsidentitäten mehr mit Kultur als mit Biologie zu tun hätten, sondern Naturwissenschaftler. Am Geburtsbett der heutigen Genderkonzepte stand eine medizinische Praxis, die »Geschlecht« nicht länger als wahrscheinliche Prognose über eine vermutete reproduktive Organausstattung verstand (»Eine Frau ist ein Mensch, von dem wir glauben, dass er schwanger werden kann«), sondern als kulturelle Übereinkunft, auch rein kosmetisch-operativen Ursprungs. Damit war die Grundlage dafür geschaffen, dass die *Darstellung* von Geschlecht zum Eigentlichen werden konnte, zu einem kulturellen Zeichen ohne Substanz, zu einem »Konstrukt ohne biologisches Fundament«,[25] wie es Queertheoretiker*innen dann logisch zu Ende gedacht haben.

Die reproduktive Differenz ist allerdings immer noch da. Sie ist real, und es fragt sich, wie wir politisch über sie verhandeln können, wenn die ursprünglich dafür vorgesehenen Bezeichnungen »Frau« und »Mann« ihre Plausibilität verloren haben, weil sie längst etwas ganz anderes bedeuten. Manche queertheoretischen Texte aus den 2000er Jahren vertraten, wie Yv Nay schreibt, einen direkt fortpflanzungsfeindlichen Ansatz in dem Sinne, dass sich das »Querstellen« auch auf das zukunftsträchtige Projekt des Kinderhabens beziehe und »eine queere Bewegung den quasi pastoralen Glauben an eine gemeinschaftliche Zukünftigkeit ablehnen statt begrüßen soll«; queere Sexualität sei »gerade in ihrer zugeschriebenen sozialen Dysfunktionalität machtvoll«.[26]

In Diskursen über Sex und Gender wird das Schwangerwerdenkönnen oft als zu vernachlässigendes Detail betrachtet und beiseitegeschoben. Heinz-Jürgen Voß etwa schreibt, es sei »zur Erhaltung der Art Mensch notwendig, dass zwei Individuen der Art zusammenfinden, dass Ei- und Samenzelle zusammenkommen, dass sich ein Embryo entwickelt, geboren und anschließend betreut wird«[27] (wobei die schwangere Person wieder unsichtbar bleibt und der Embryo als eigenständiges Wesen imaginiert wird, das »sich« entwickelt), und betont, es sei »ausreichend, wenn sich, bei guter Gesundheitsversorgung und guten Möglichkeiten gesellschaftlicher Betreuung, sagen wir zehn oder 20 Prozent der Menschen zuweilen fortpflanzen.«[28] Schwanger werden zu können wird also als Ausnahmeerscheinung, als Detail dargestellt, das nur eine Minderheit der Menschen betreffen muss.

Noch deutlicher wird diese Tendenz im »Kontrasexuellen Manifest« von Paul B. Preciado aus dem Jahr 2003, das manchen als queere Utopie gilt.[29] Eine zentrale Bedingung des dort vorgeschlagenen »kontrasexuellen Vertrags«, der die Grundlage freier Beziehungen zwischen Menschen sein soll, ist, dass Fortpflanzung ausdrücklich ausgeschlossen wird. Die Nutzung von Verhütungsmitteln wird »für alle Körper ab dem Alter zur Pflicht gemacht, ab dem sie zur Reproduktion fähig sind«.[30] In dieser Utopie wird deutlich, dass es in der Tat möglich ist, Menschen als körperlich Gleiche zu betrachten, unabhängig von der Art ihrer Fortpflanzungsorgane oder dem Aussehen ihrer Genitalien. Preciado macht zum Beispiel den Vorschlag, statt Penis und Vagina Anus und Dildo als zentrale sexuelle Körperpraxen zu etablieren, weil beides allen Körpern zur Verfügung steht.

Alle Menschen als biologisch Gleiche zu betrachten funktioniert aber nur, solange keine Reproduktion stattfindet. In Artikel 6 des kontrasexuellen Manifests heißt es: »Die kontrasexuelle Gesellschaft erklärt und fordert die absolute Trennung von Sex und Fortpflanzungsaktivitäten. Kein kontrasexueller Vertrag führt zu einem Fortpflanzungsakt. Die Reproduktion wird von Körpern, die zur Schwangerschaft fähig sind oder über Sperma verfügen, frei gewählt.«[31] Aus dem alten katholischen Zwang, Sexualität und Fortpflanzung *immer* in eins zu setzen, ist hier die Idee geworden, dass Sexualität und Fortpflanzung *auf keinen Fall* etwas miteinander zu tun haben dürfen. Die politische, feministische Herausforderung bestünde aber doch darin, die Freiheit einer Person und die reproduktiven Fähigkeiten ihres Körpers in Übereinstimmung zu bringen. Es Menschen also zu ermöglichen, Sex zu haben, wann und wie und mit wem sie möchten, und ebenso, schwanger zu werden, wann und wie und mit wem sie möchten – wenn ihre Körper die Fähigkeit dazu haben.

In letzter Zeit wird das Thema queerer Elternschaft allerdings zunehmend affirmativ diskutiert, es werden Erfahrungen von queeren Familiengründungen berichtet und geteilt, zum Beispiel von trans oder nicht binärer Elternschaft, von Kindern in polyamoren Beziehungsstrukturen, von gemeinsamer Elternschaft ohne sexuelle Liebesbeziehung und so weiter. Solche Versuche verweisen »gleichzeitig *sowohl* auf die Auflösung der dominanten Vorstellung der heterosexuellen Kleinfamilie *als auch* auf deren ungeminderte Bedeutung«,[32] wie Yv Nay schreibt.

In ihrem Buch, für das sie qualitative Interviews mit queeren Familien geführt hat, schildert Nay einen interessanten Fall, wie Menschen jenseits der klassischen Dualität von Mutter/Vater differenzierte Modelle von Elternschaft entwickeln und dabei reproduktiv-biologische wie auch soziale Unterschiede anerkennen: Zwei Paare, ein lesbisches und ein schwules, haben gemeinsam ein Kind geplant, und eine der beiden Frauen ist mit dem Sperma von einem der Männer schwanger geworden. Da solche Familienkonstellationen bisher in Europa nicht legal sind, haben die vier Beteiligten selbst einen Vertrag aufgesetzt, der zwar nicht rechtlich, aber für sie doch moralisch bindend ist. Darin legen sie fest, dass alle vier Erwachsenen für das Kind verantwortlich sind, und dass, falls die Frau, die das Kind geboren hat, sterben sollte, das Sorgerecht zu gleichen Teilen auf deren Lebenspartnerin und den Samengeber übergeht.

Dies ist nur ein Beispiel dafür, wie neue Lösungen jenseits der Heteronormativität aussehen können. Eine post-heteronormative Ordnung muss sicher vielfältig sein und wird mehr als eine Option hervorbringen, wie das Zusammenleben zwischen Erwachsenen und Kindern geregelt ist. Sie kann aber nicht erarbeitet werden, wenn dabei nicht auch die Differenz zwischen Menschen, die schwanger werden können, und solchen, die es nicht können, ausdrücklich verhandelt wird.

Das Wissen um die eigenen reproduktiven Organe und die anderer Menschen ist durch den »Gender Trouble« (Butler) der vergangenen Jahrzehnte jedenfalls nicht irrelevant geworden, sondern bleibt Gegenstand notwendiger Aushandlungsprozesse, auch wenn wir statt von »Männern und Frauen« von »Menschen ohne und mit Uterus« sprechen. Denn Reproduktion geschieht nicht einfach so, sie braucht Regeln und Übereinkünfte. Wenn wir nicht Preciados Utopie folgen wollen, wonach Schwangerschaften auf keinen Fall durch Sex ausgelöst werden dürfen, ist die Frage zu klären, wann es wichtig ist, in der Begegnung mit einer anderen Person zu erfahren, ob diese schwanger werden kann (oder, gegebenenfalls, uns selbst schwanger machen kann) oder nicht. Bei Einjährigen oder Dreijährigen oder Siebenjährigen oder Zehnjährigen ist diese Information sicher überflüssig oder sogar schädlich.[33] Aber was ist mit 12-Jährigen oder 16-Jährigen oder 20-Jährigen? Möchten wir, wenn wir einem Menschen begegnen, darüber informiert werden, ob sie*er eine Gebärmutter hat oder nicht? Haben wir ein Recht darauf? An welchem Punkt einer Beziehung ist es legitim, wissen zu wollen, welches reproduktive Geschlecht mein Gegenüber hat? Wenn ich dies nicht mehr an der äußerlichen Gender-Performance ablesen kann – wann ist dann der angemessene Zeitpunkt der Information? Bevor man datet oder danach? Bevor man sich zum Sexmachen auszieht oder danach? Ist es legitim, überrascht zu sein, wenn die Frau, mit der ich ins Bett ging, sich als Mensch mit Penis herausstellt, oder ist das diskriminierend gegenüber trans Frauen? Darf ich enttäuscht sein, wenn der Mann, mit dem ich eine Beziehung eingegangen bin in der Hoffnung, daraus könnte sich für mich eine Schwangerschaft ergeben, leider gar kein Sperma besitzt, sondern ebenso wie ich Gebärmutter und Eierstöcke?[34]

Möglicherweise erscheinen all diese Fragen kleinkariert, weil erwachsene und vernünftige Menschen das ja in einem konkreten Fall durch Kommunikation lösen können. Aber es geht hier um nicht weniger als darum, eine neue symbolische Ordnung zu schaffen, die an die Stelle der gegenwärtigen, im Vergehen begriffenen patriarchalen Ordnung treten kann.

Die Konstruktion des Vaters und die Entstehung des Patriarchats

Die reproduktive Differenz der menschlichen Spezies bedeutet nicht nur, dass menschliche Körper, zumindest grob, in zwei Varianten vorkommen. Es ist noch schlimmer: Die einen können etwas, das die anderen nicht können. Während es eine lange kulturelle Auseinandersetzung mit dem weiblichen Schwangerwerdenkönnen gibt (man kann sogar sagen, dass das soziale Konzept »Frausein« allein diesem Zweck dient), ist das männliche Nicht-Schwangerwerdenkönnen bisher selten thematisiert worden. Dabei ist das Patriarchat nach Ansicht vieler Feministinnen eine direkte Folge dieser narzisstischen Kränkung des männlichen Egos.

Luce Irigaray schreibt: »Dass der Mann keine Gebärmutter hat, lässt sich als einen ihm unerträglichen Mangel interpretieren, da sein Beitrag zur Schwangerschaft – seine Funktion, was den Ursprung der Reproduktion angeht – deswegen relativ wenig Evidenz besitzt, ja sogar in Zweifel gezogen werden kann. Eine Unsicherheit, die sowohl durch die ›aktive‹ Rolle des Mannes beim Koitus wie auch durch die Tatsache, dass er das Produkt der Koproduktion *mit seinem eigenen Namen* markiert, gemildert werden soll. Die Frau, deren Beteiligung an der Arbeit der Erzeugung des Kindes unmöglich zu bezweifeln ist, wird so zur anonymen Arbeitskraft, zur Maschine im Dienst eines Herrn und Besitzers, der das fertige Produkt abstempeln wird. Es ist nicht übertrieben, wenn man einen guten Teil besonders der kulturellen Produktionen als Konterpartie oder als Suche nach Äquivalenten zur Funktion der Frau in der Mutterschaft deutet. Und der Wunsch, den der Mann dabei zur Schau stellt, sich selbst als das zu bestimmen, was in ihnen als ›Ursprung‹ gilt, sein Wunsch, sich selbst (als Selbst), jetzt und für immer, in ihnen zu (re-)produzieren, sind nicht zu verleugnende Indizien dafür.«[1]

Von »Uterusneid« spricht diesbezüglich Antoinette Fouque und ist der Ansicht, dass der Neid der Männer auf die Fähigkeit von Frauen, Kinder hervorzubringen, die Ursache für ihre Misogynie sei und auch der Grund dafür, dass das Weibliche als »dunkler Kontinent« (Sigmund Freud) aus der symbolischen Ordnung ausgeschlossen wurde: »Die Prokreation, diese spezifische Macht der Frauen, führt nicht zu einer Macht, ganz im Gegenteil, sie fixiert uns in einer richtiggehenden Un-Macht, weil die menschliche Reproduktion negativ eingeschrieben ist in ein demokratisches Denken, das sich mit Recht um die Prinzipien der Gleichheit sorgt, aber nicht um die Realität und die Asymmetrie zwischen den Geschlechtern hinsichtlich dieser prinzipiellen Differenz. Und man weiß ja, dass alles, was aus dem Symbolischen verworfen wird, im Realen wiederkehrt: Was das demokratische Denken sich zu denken weigert, wird bei jedem Fortschritt im Demokratisierungsprozess zum Symptom.«[2]

Hinter uns liegen mehrere tausend Jahre Kulturgeschichte des Patriarchats, und wenn wir uns dem Phänomen des Schwangerwerdenkönnens nähern, dann ist das nur von diesem Ausgangspunkt aus überhaupt möglich. Wir haben keinen anderen. Die konkreten Ausformungen dessen, was »Patriarchat« bedeutet, sehen je nach Weltregion, je nach Jahrhundert unterschiedlich aus. Unterm Strich ist es jedoch immer so, dass Macht, Geld, Ressourcen und Einfluss bei Menschen zusammenlaufen, die nicht schwanger werden können. »Der Kern der

Unterdrückung der Frau ist ihre Rolle als Gebärerin«,[3] schreibt Shulamith Firestone, und in der Tat lässt sich kaum leugnen, dass Patriarchat und reproduktive Differenz miteinander zusammenhängen. Es gibt allerdings unterschiedliche Theorien darüber, wie.

Simone de Beauvoir glaubte, dass die ständige Abfolge von Schwangerschaften und Geburten samt den damit zusammenhängenden körperlichen Schwächephasen die Frauen kulturgeschichtlich den Männern gegenüber in einen Nachteil gebracht hätte. Während die Männer frei und unbehelligt von Sorgepflichten ihre eigenen Projekte in der Welt verfolgen konnten (hier schlägt Beauvoirs Existenzialismus durch), wurden Frauen durch die ständigen Schwangerschaften ausgebremst, denn, so Beauvoir: »Gebären und Stillen sind keine Aktivitäten, sondern natürliche Funktionen: kein Entwurf ist dabei im Spiel, und daher kann auch die Frau darin keinen Grund einer hochgestimmten Bejahung ihrer Existenz finden: passiv unterzieht sie sich ihrem biologischen Geschick.«[4] Für Beauvoir ist die Entstehung des Patriarchats eine zwangsläufige Folge davon, dass Frauen das Pech haben, schwanger zu werden. Konsequenterweise sieht sie die politische Lösung darin, diesen Fall möglichst selten eintreten zu lassen und Strukturen zu schaffen, in denen die mit dem Kinderhaben verbundenen Lasten auf Väter, andere Menschen oder gesellschaftliche Institutionen umverteilt werden. Beauvoirs Auffassung wurde von großen Teilen der Frauenbewegung in den 1970er und 1980er Jahren aufgegriffen und liegt im Wesentlichen bis heute dem westlich-emanzipatorischen Verständnis von Geschlechtergleichheit zugrunde.

Beauvoirs Analyse war zu ihrer Zeit – »Das andere Geschlecht« erschien 1949 – insofern neu, als die Entstehung des Patriarchats zuvor als zivilisatorische Errungenschaft gegolten hatte. Im Allgemeinen wurde es mit der Entstehung des (jüdischen) Monotheismus und des (griechischen) Staates in Zusammenhang gebracht. Die Entwicklung einer geregelten Ordnung der Beziehungen zwischen Männern, Frauen und Kindern galt als Motor für die Entstehung der Schrift, des Geldes, der Gesetze – also wichtiger Etappen der menschlichen Kulturentwicklung. Im Anschluss an das 1861 erschienene Buch »Das Mutterrecht« von Johann Jakob Bachofen hatten allerdings schon verschiedene Autoren – darunter Friedrich Engels 1884 in »Der Ursprung der Familie, des Privateigentums und des Staats« – die Frage aufgeworfen, ob es nicht vorher bereits eine andere, für Frauen vorteilhaftere Gesellschaftsform gegeben habe. Tatsächlich existieren in antiken griechischen Mythen eine ganze Reihe von Narrativen, die von einem männlichen Sieg über frühere Muttergottheiten und Fruchtbarkeitskulte handeln, wie zum Beispiel die Geschichte von Orest, der straflos blieb, obwohl er seine Mutter Klytämnestra ermordet hatte. Oder man denke an die Erzählungen von schwangerschaftslosen männlichen Reproduktionen wie die »Kopfgeburt« der Athene, die angeblich dem Kopf ihres Vaters entsprang, oder die Erschaffung Evas aus der »Rippe« des Adam.

Die Historikerin Gerda Lerner stellte 1986 die Entstehung des Patriarchats als einen über viele Jahrhunderte dauernden Prozess dar, der die Unterwerfung der Frauen Schritt für Schritt verankert habe.[5] Wie für Beauvoir ist auch für Lerner die männliche Aneignung der reproduktiven Kapazität von Frauen der Dreh- und Angelpunkt. Anders als Beauvoir sieht sie darin jedoch nicht eine zwangsläufige Folge der reproduktiven Differenz, sondern einen aktiven kulturellen Prozess, also die absichtsvolle Etablierung einer Herrschaft (tatsächlich heißt ihr Buch im Original auch »The Creation of Patriarchy«, also dessen »Erschaffung«, und nicht wie in der deutschen Übersetzung »Entstehung«). Demnach wäre also das Patriarchat keine zwangsläufige Entwicklung gewesen, die sich aus der menschlichen Biologie nahelegt, sondern eine Übereinkunft, die auch anders hätte getroffen werden können und daher auch wieder abgeschafft werden kann.

Eine nochmal andere Interpretation hat kürzlich Helke Sander vorgeschlagen. Ihrer Ansicht nach entstand die Geschlechterhierarchie weder aufgrund von Naturnotwendigkeiten noch aufgrund von männlichem Herrschaftsstreben, sondern, so der Untertitel ihres Buches, »als unbeabsichtigte Nebenwirkung sozialer Folgen der Gebärfähigkeit und des Fellverlusts«.[6] Sander siedelt diese Weichenstellung also lange vor der Entstehung des Homo Sapiens an, vor 1,6 bis 1,2 Millionen Jahren. Zu diesem Zeitpunkt entstand, so Sander, folgendes Problem: Solange die Affen-Mütter ein Fell hatten, konnten sich die Neugeborenen an sie klammern, jetzt ging das nicht mehr. Die Mütter mussten ihre Babys also mit sich herumschleppen, und das behinderte sie bei der Nahrungssuche. »Frauen waren einfach gezwungen, ihre Hirne zu entwickeln, um zu überleben«, schreibt Sander, und so hätten sie den menschlichen Zivilisationsprozess ins Rollen gebracht. Nach dieser Theorie hat die reproduktive Differenz die Frauen also nicht kulturell behindert, sondern im Gegenteil angespornt. »Menstruierende, Schwangere und Frauen mit kleinen Kindern« standen laut Sander im Zentrum der menschlichen Kulturentwicklung, die allerdings dann später tragischerweise dazu geführt habe, dass diejenigen Menschen, die nicht schwanger werden konnten – die Männer – einen praktischen Vorteil hatten.

Ob nun das Patriarchat schon in vorgeschichtlicher Zeit entstand oder erst in der Antike, ob es zwangsläufig aus der biologischen Geschlechterdifferenz hervorgegangen ist oder einfach historisches Pech für die Frauen war: Alle patriarchalen Kulturen haben gemeinsam, dass sie das Schwangerwerden reglementieren und damit auch diejenigen Personen, die es können. Die Pflicht, sich um die Kinder zu kümmern, wird bestimmten Menschengruppen mit niedrigem sozialem Status zugewiesen, aber nicht immer den Gebärerinnen – die konkrete Arbeit der Kinderversorgung kann auch Sklavinnen oder Ammen zufallen (fast immer sind es jedoch Frauen). Nicht die Verteilung der Care-

Arbeit, sondern die rechtliche Beziehung zwischen Erwachsenen und Kindern bildet den Kern patriarchaler Herrschaftsverhältnisse: »Patriarchat« bedeutet, dass die Entscheidungsmacht über Kinder nicht diejenigen haben, die sie zur Welt bringen, sondern, wie der Name schon sagt, »Väter«.

Von großer Bedeutung für die Herausbildung patriarchaler Ordnungen war die Geschlechterlehre von Aristoteles (384 bis ca. 322 v. Chr.), der in seiner Schrift »Die Zeugung der Geschöpfe« die Ansicht vertrat, dass der männliche Samen das aktive, formende Prinzip darstelle, während die Frau mit ihrem Gebärmutterblut lediglich das passive Material bereitstelle.[7] Dass das biologisch falsch ist, weiß man natürlich längst, spätestens seit Ende des 18. Jahrhunderts, als die weibliche Eizelle entdeckt wurde. Zu seiner Zeit war Aristoteles auch nur einer unter vielen, es gab in der Antike durchaus unterschiedliche Theorien zu dem Thema. Seine Bedeutung kommt daher, dass sich über Jahrhunderte hinweg immer wieder Menschen, vor allem Männer, auf ihn bezogen haben. Wenn heutzutage von schwangeren Frauen gesagt wird, sie hätten »einen Braten in der Röhre« oder sie seien mit »seinem« Kind schwanger, steht dahinter immer noch diese alte Vorstellung vom aktiven Sperma und passiven Uterus. Aristoteles schuf die Voraussetzung dafür, den Embryo nicht als Teil des Körpers der Schwangeren anzusehen, sondern als Besitz eines anderen – des »Vaters«.

Ohne das Bild vom Samen, der in eine Gebärmutter hineingepflanzt wird, wäre auch die Kommerzialisierung von Leihmutterschaft heute kaum denkbar. Die Reproduktionstechnologie hat es inzwischen allerdings möglich gemacht, dass nicht mehr nur Männer, sondern auch Frauen, wenn sie reich und privilegiert genug sind, ihren »Samen« in das »Gefäß« einer anderen Frau hineinpflanzen können.

Menschen, die schwanger werden können, wurden in patriarchalen Gesellschaften aus fast allen Bereichen der Öffentlichkeit oder der Politik verdrängt. Das ist natürlich nicht die

Schuld von Aristoteles allein, im Lauf der Jahrhunderte haben viele Akteure an dieser Entwicklung mitgewirkt. Die monotheistischen Religionen Judentum, Christentum und Islam konzipierten ihren »einen« Gott als männlich mit der Folge, dass sich der gesamte Komplex von Transzendenz, Spiritualität und Metaphysik entsprechend männlich-exklusiv entwickelte, was unsere Vorstellungen von Welt und Sinn tief geprägt hat.[8] Später kam die Aufklärung und mit ihr die Herausbildung von Institutionen wie dem Rechtsstaat, der Universität, dem Parlamentarismus, die sich allesamt auf dem expliziten Ausschluss von Menschen, die schwanger werden können, gründeten. Patriarchale Denkmuster, Vorstellungen von männlicher Universalität und weiblicher Partikularität haben sich auf diese Weise nahezu unausrottbar in die kleinsten Winkel menschlicher Kulturproduktion eingenistet.

Aber Frauen wurden nicht nur aus vielen Bereichen der Welt hinausgedrängt und daran gehindert, sich materielle Ressourcen, Bildung und Einflussmöglichkeiten zu verschaffen. In patriarchalen Gesellschaften haben sich Männer auch die direkte Kontrolle und Entscheidungsmacht über weibliche Körper angeeignet. Patriarchate entwickeln Institutionen und Herrschaftsverhältnisse, in denen Menschen, die selbst nicht schwanger werden können, darüber bestimmen können, zu welchen Bedingungen und unter welchen Umständen Schwangerschaften ablaufen. Nicht immer empfinden wir das als so absurd wie bei dem Gutachten, das 1956 Papst Pius XII über das Problem der schmerzlosen Geburt anfertigte. Katholische Ärzte und Gynäkologen hatten ihn um sein Urteil gebeten, weil damals in der Geburtshilfe neue Methoden zur Schmerzlinderung beim Gebären erprobt wurden. Ist das erlaubt, so fragten sie, wo doch in der Bibel steht, dass Frauen nach der Vertreibung aus dem Paradies »unter Schmerzen« gebären würden?[9] Der Papst kam immerhin zu der Auffassung, dass es erlaubt sei, eine Geburt möglichst schmerzfrei zu gestalten, solange man »keine künstlichen Mittel anwendet, sondern wo man allein die natürlichen Kräfte der Mutter wirken lässt«.[10]

Warum wehren sich Frauen nicht gegen solche Zumutungen? Warum haben sie es zugelassen, dass ihr biologischer reproduktiver Vorteil gegen sie und ihre Freiheit gewendet wurde? Eine mögliche Erklärung findet sich bei Slavoj Žižek, dessen »revolutionäres Subjekt« Frau und Kinder erschießt, damit es frei sein kann: »Indem es sich von dem kostbaren Objekt löst, durch dessen Besitz der Feind es in Schach halten konnte, verschafft sich das Subjekt Handlungsspielraum.«[11] Wer für Schwächere verantwortlich ist, kann nicht revoltieren und dem Unterdrücker nicht die Stirn bieten. Das Motiv kommt in jedem zweiten Gangsterfilm vor: Wenn die Folterdrohung gegenüber dem Helden nicht funktioniert, weil der zu heldenhaft ist, um klein beizugeben, droht der Bösewicht, an seiner Stelle jemand anderen zu foltern.

Liegt die Schwäche der Frauen also darin, dass sie erpressbar waren, weil sie sich für Kinder verantwortlich fühlten? Aus Sicht des Žižek'schen freien (und nicht zufällig männlichen) Subjekts ist es wohl so, jedenfalls haben sich Männer schon immer gefragt, warum Frauen sich eigentlich um Kinder kümmern. Sie konnten sich das nur mithilfe biologistischer Annahmen erklären, zum Beispiel, indem sie die Theorie aufstellten, dass Hormone die Mütter dazu treiben würden. Die Erklärung könnte aber viel einfacher sein. Um noch einmal auf Helke Sanders Spekulationen über die Folgen des Fellverlusts zurückzukommen: Warum haben sich eigentlich die Affen-Frauen um ihre Kinder gekümmert, als die sich nicht mehr in ihrem Fell festkrallen konnten? Zu neolithischer Zeit hat es ja sicher noch keine gesellschaftlichen Konventionen bezüglich Care-Arbeit gegeben. Normalerweise kommt an dieser Stelle der Verweis auf die »Instinkte«, es wird also eine direkte Linie zwischen äffischen und mütterlichen Motivationen gezogen, womit die Frauen an ihrem zugewiesenen Ort sind, nämlich noch nicht ganz im

Reich der Kultur angekommen. Es braucht aber keine »Instinkte«, um ihr Verhalten zu erklären. Eine einfache kulturelle Regel genügt, die sich allerdings in der Tat an der Schnittstelle von menschlicher Kultur und menschlicher Natur bewegt: das Paradigma der »Verantwortlichkeit durch Anwesenheit«.

Das menschliche Subjekt ist nicht so, wie Žižek und andere es beschreiben. Moralische Verpflichtungen leiten sich nicht aus abstrakten Prinzipien her, die von Göttern oder der Vernunft verkündet werden und von den Menschen dann auf ihre jeweiligen konkreten Situationen bloß noch angewendet werden müssen. Sondern es verhält sich andersherum: Im konkreten Fall, im alltäglichen Leben ereignen sich Dinge, die bestimmte Notwendigkeiten augenfällig machen, und menschliche Kulturen verdichten diese dann zu universellen Normen und Regeln. Die körperliche Anwesenheit in einer Situation ist eine der stärksten Motivationen für eine Verpflichtung: Für die Rettung eines Kindes, das gerade in den See gefallen ist, ist die Person zuständig, die in dem Moment am Ufer steht, und niemand sonst.

Die einzige Person aber, die naturnotwendigerweise bei der Geburt eines Kindes anwesend ist, ist diejenige, die es zur Welt bringt: Mütter kümmern sich um Kinder nicht, weil sie es *wollen*, sondern weil sie es *müssen*. »Müssen« nicht in dem Sinne, dass sie jemand dazu zwingt, sondern im Sinne des Erkennens einer Notwendigkeit.[12] Dass Mütter sich um ihre Kinder kümmern, ist nicht einer ominösen »Mütterlichkeit« geschuldet, sondern es ist schlicht und ergreifend das, was Menschen nun einmal tun: Sie übernehmen Verantwortung für das, was in ihrer unmittelbaren Umgebung geschieht. Und in der unmittelbaren Umgebung eines Neugeborenen ist es nun einmal notwendig, dass man sich um es kümmert.

In diesem Licht wird verständlicher, warum sich die geschlechtsspezifischen Zuständigkeiten in Bezug auf die Versorgung von Kleinkindern allen Gleichstellungsbemühungen zum Trotz so hartnäckig halten. Die Schuld dafür wird heute gerne den Müttern selbst gegeben: Weil sie in unserer gleichgestellten Kultur nicht mehr von bösen Patriarchen dazu gezwungen werden, sich um Kinder zu kümmern, tun sie es offensichtlich »freiwillig«. Also müssen sie entsprechend auch die Konsequenzen ihres Tuns tragen. Wenn man aber einen Menschen, der am Seeufer steht, davon überzeugen will, dass er das ins Wasser gefallene Kind nicht retten muss, genügt es nicht, ihm wortreich zu versichern, dass er streng genommen dazu nicht verpflichtet wäre. Das einzige, was hilft, ist, andere effektive Rettungsmaßnahmen zu installieren, auf die er sich hundertprozentig verlassen kann.

Genau das geschieht heute in Bezug auf die Versorgung von Kindern aber nicht. Es gibt keine bedingungslos verlässliche, qualitativ hochwertige Betreuung, sondern das gesamte System verlässt sich darauf, dass im Zweifelsfall die Mütter sich schon darum kümmern werden. Damit sind nicht nur die konkreten zu erledigenden Arbeiten gemeint, sondern vor allem auch die Übernahme der Verantwortung, die letztliche Zuständigkeit, das, was heute unter dem Begriff »mental load« diskutiert wird.[13] An diesem Punkt laufen viele der aktuellen Debatten vollkommen schief: Die Frage ist nicht, ob Mütter sich mehr um Babys kümmern als andere, weil Fürsorge »in ihrer Natur« liege oder weil sie von gesellschaftlich erzeugten Normen und Rollen dazu gedrängt würden. Sie kümmern sich um Babys, weil es irgendjemand halt tun muss. Dass viele von ihnen das durchaus gern tun und sich gar nicht über diese Zuständigkeit beklagen, sondern sie für »normal« halten, ändert an diesem Zusammenhang überhaupt nichts.

Gesellschaftliche Normen zur Zuschreibung von Fürsorgearbeit sind wechselhaft. Christina von Braun beschreibt, wie in Europa erst im Lauf des 16. und 17. Jahrhunderts die Idee entstand, dass die Personen, die ein Kind geboren haben, am besten geeignet wären, für es zu sorgen: Nachdem Frauen sukzessive vom Erbrecht ausgeschlossen worden waren, stellten sie die verlässlichste Option für die Kinderversorgung – sie waren nämlich die einzigen, die kein wirtschaftliches Interesse daran hatten, dass das Kind starb. »Daraus wurde wiederum abgeleitet, dass das Mutter-Kind-Verhältnis über jeden Verdacht erhaben sei. Es wurden ›weibliche Tugenden‹ erfunden, die einerseits den Ausschluss der Frauen aus der Erblinie (und damit auch aus der Blutslinie) festschrieben, andererseits aber auch den Grundstein dafür legten, dass Frauen für die ›häusliche Sphäre‹ verantwortlich gemacht werden. In dieser paradoxen Konstruktion, die auf ökonomischer Machtlosigkeit und ›ethischer Ermächtigung‹ basierte, hat der Topos der ›reinen Mutterliebe‹, die später zu den Ideologien der Aufklärung gehören sollte, einen seiner Ursprünge.«[14]

Während Frauen, die Kinder geboren haben, nach wie vor gezwungen sind, sich um diese zu kümmern (weil sonst im Zweifelsfall niemand da ist, der es tut), sind die Beziehungen zwischen Männern und Kindern vom Primat der Freiwilligkeit geprägt. Unter Althistorikern ist umstritten, wann die soziale Position des »Vaters« überhaupt entstanden ist. Manche sind der Ansicht, dass Väter zeithistorisch in dem Moment in Erscheinung getreten sind, als die Menschen sich des biologischen Beitrags von Männern zur Entstehung eines Kindes bewusst wurden. »Vaterschaft« wäre demnach eine von der Natur vorgesehene Rolle, die in Kraft tritt, sobald eine Spezies entwickelt genug ist, um einen Zusammenhang zwischen männlichem Sperma und der Geburt eines Kindes herzustellen.

Allerdings ist diese These wohl nicht haltbar. In den meisten Kulturen hat der Verwandtschaftsbegriff ursprünglich einfach Menschen umfasst, die gemeinsam in einem Haus, auf einem Stück Land lebten oder zusammen aßen, und zwar auch dann, wenn die biologische Funktion des männlichen Spermas bekannt war.[15] Evolutionstheorien, wonach die Monogamie entstanden sei, weil Männer angeblich nur dann bereit sind, mit Frauen und Kindern zu teilen, wenn sie sich ihrer biologischen

Vaterschaft sicher sind, gelten heute als überholt; es handelt sich dabei eher um bürgerliche Rückprojektionen.[16] Es gibt ja auch matriarchale Kulturen, in denen die männlichen Sexualpartner einer Frau deren Kindern gegenüber keinen sozialen Beziehungsstatus haben.[17] Zum bloßen *Wissen* um die Funktion des Spermas müssen jedenfalls noch andere soziale Wertungen hinzukommen, um eine besondere Stellung des Samengebers zu den von ihm gezeugten Kindern abzuleiten. Vaterschaft ist lediglich *eine* kulturelle Option unter vielen und keineswegs die einzig »natürliche«.

Zumal Vaterschaft auch historisch nie bloß an die biologische Verwandtschaft zwischen Männern und Kindern geknüpft war, sondern vielmehr ein legal beglaubigtes Verhältnis beschrieb, zu dessen Legitimation eine (vermutete) biologische Vaterschaft nur dann herangezogen wurde, wenn es passte. Das römische Recht, auf das die meisten europäischen Familiengesetze bis heute zurückgehen, knüpfte lediglich die Mutterschaft an eine biologische Tatsache, nämlich an das Schwangersein und Gebären: »Mater semper certa est«, die Mutter ist immer sicher. Den Status des Vaters hingegen knüpfte es an die Ehe: »Pater est, quem nuptiae demonstrant«, Vater ist, wer durch Heirat als solcher erwiesen ist. Ein verheirateter Mann war also der Vater *aller* Kinder seiner Ehefrau, auch derer, die sie möglicherweise zusammen mit anderen Männern gezeugt hatte (deren biologischer Beitrag also als irrelevant betrachtet wurde). Wenn ein Mann hingegen mit einer Frau Kinder zeugte, mit der er nicht verheiratet war – ob bei außerehelichen Affären oder durch Vergewaltigungen von Dienstmädchen oder Sklavinnen – hatte er keine väterlichen Pflichten gegenüber den so gezeugten Kindern. Vaterschaft konstituiert sich also keineswegs aus Biologie und Sperma, sondern aus der *freiwilligen* Übernahme dieser Position. Entsprechend war auch Adoption ein im antiken Rom weit verbreitetes Vorgehen. Viele sozial höhergestellte Männer erweiterten ihre Familien durch Adoption um erwünschte Mitglieder. Bei der Auswahl zusätzlicher Söhne spielten neben persönlicher Sympathie vor allem Klassen- und Statusaspekte sowie machtpolitische Erwägungen eine Rolle, die Biologie aber praktisch nie. Nur sehr selten kamen uneheliche leibliche Söhne in den Genuss solcher familiärer Privilegien, von Töchtern ganz zu schweigen.

Besonders deutlich wurde die Freiwilligkeit der Vaterschaft in Frankreich ausformuliert, wo es im Code Civil seit 1804 kurz und knapp hieß: »La recherche de la paternité est interdit«, die Erforschung der Vaterschaft ist verboten. Zweck des Gesetzes, das erst 1912 aufgehoben wurde, war es, Ansprüche von unehelichen Kindern (die die Französische Revolution im Erbrecht gleichgestellt hatte) und deren Müttern abzuwehren. Es garantierte, dass Vaterschaft das blieb, was sie schon immer gewesen war: eine Position, die Männer gegenüber den von ihnen mitgezeugten Kindern einnehmen *konnten*, aber nicht *mussten*.[18] Die symbolische Position der »Vaterschaft« konnte sich laut Christina von Braun gerade nur deshalb so dominant entwickeln, weil sie – anders als die Mutterschaft – unsicher war: »›Der Vater‹ ist die ideale symbolische Form und damit auch Inkarnation von Schrift und Geld. ... Die väterliche Linie ist auf eine symbolische Form angewiesen. Umso mehr liegt ihr an den Blutsbanden. Sie verleihen der Vaterlinie den Anschein eben jener nachweisbaren Leiblichkeit, die sie eigentlich entbehrt.«[19] So hat die Vorstellung von »Blutsverwandtschaft« dem sozialen Konstrukt der Vaterschaft eine Pseudo-Leiblichkeit eingeschrieben, wofür von Braun den Begriff »Rote Tinte« wählt. Anders als Mutterschaft muss Vaterschaft gesellschaftlich konstruiert werden, sonst existiert sie nicht. Und es muss Machtmechanismen geben, die diese Position absichern. Dass sich die Position des Vaters mehr auf Gesetze und staatliche Machtmechanismen gründet als auf konkrete Beziehungen zwischen Männern und Kindern, ist offensichtlich, und zwar noch bis zum heutigen Auftreten der ganz zutreffend sogenannten »Vaterrechtler«.

Eine sichere Aussage über eine biologische Vaterschaft ist überhaupt erst seit wenigen Jahrzehnten möglich. Seit 1927 wird das (nur bedingt verlässliche) Blutgruppensystem zur Vaterschaftsfeststellung angewendet, die recht sichere DNA-Analyse gibt es sogar erst seit 1984. Vorher konnte über die Identität eines Samengebers nur spekuliert werden, und letzten Endes hing die biologische Vaterschaft von der Aussage der Schwangeren ab oder vom Auffinden optischer Ähnlichkeiten. Man schätzt allerdings, dass 90 bis 95 Prozent der Kinder, die Männer für ihre biologisch eigenen hielten, das auch tatsächlich waren.[20]

Der häufigste Zweck von Vaterschaftstests war ursprünglich die Abwehr von Unterhaltsansprüchen.[21] Die Position des Vaters, also die Entscheidungsbefugnis von Männern über Kinder, war ja durch das Eherecht sichergestellt. Als verheiratete Frauen hatten Mütter ohnehin keine Rechte, und uneheliche Kinder interessierten niemanden. Im Fall einer Scheidung verloren Mütter jeglichen Anspruch auf ihre Kinder, weshalb der Kampf um eine Reform des Familienrechts ein Hauptanliegen vor allem der bürgerlichen Frauenbewegung im 19. Jahrhundert war (proletarische Familien regelten ihre Angelegenheiten eher außergerichtlich). Erst mit der Frauenemanzipation bröckelte nach und nach die Position des Mannes als »Familienoberhaupt«. Männer verloren nicht nur die unumschränkte Entscheidungsgewalt über ihre Ehefrauen, sondern auch über ihre Kinder. Nach einer Scheidung wurden Kinder nun nicht mehr automatisch den Vätern zugesprochen, sondern für eine kurze Zeit sogar häufiger den Müttern. Aber diese Lücke wurde rasch wieder geschlossen, eben mit Hilfe von Vaterschaftstests und damit zusammenhängend der genetischen (statt ehelichen) Definition von Vaterschaft. Flankiert wurde diese Entwicklung von einem Gleichstellungsdiskurs, der – in atemberaubender Geschichtsvergessenheit – die Idee in die Welt setzte, Männer wären »schon immer« in Bezug auf ihre Kinder »benachteiligt« gewesen. Heute garantieren Vaterschaftstests den Rechtsanspruch von Männern auf »ihre« Kinder, den das Familienrecht in einer Gesellschaft, in der Frauen im Prinzip gleichberechtigt sind, nicht mehr garantieren kann.

Zum ersten Mal in der Geschichte der Menschheit ist heute also nicht nur die Mutterschaft, sondern auch die Vaterschaft »biologisch sicher« – jedenfalls theoretisch, denn praktisch wird ja nicht bei jeder Geburt ein Vaterschaftstest gemacht. Wenn kein Verdacht aufkommt, sind sogenannte »Kuckuckskinder« auch heute noch möglich. Die einzigen, die auch ohne Test ihrer Vaterschaft immer sicher sein können, sind Männer, deren Kinder per In-vitro-Fertilisation gezeugt wurden.

Welche sozialen Folgen die sichere Vaterschaft haben wird, ist noch nicht abzusehen. Statistisch gesehen gibt es eine erschreckend hohe Gewalttätigkeit von Männern in Patchworkfamilien, die sich gegen Kinder richtet, die nicht von ihnen mitgezeugt wurden.[22] Dass eine eindeutig identifizierbare Vaterschaft für Kinder gefährlich sein kann, befürchtet zum Beispiel Sarah B. Hrdy. Sie ruft eine Kulturtechnik mancher vor-kolonialisierter Völker in Erinnerung, die »chimärische Vaterschaft« praktizierten: Eine Chimäre ist in der Biologie ein Mischwesen aus genetisch unterschiedlichen Zellen, und es gibt Tiere, die von mehreren Männchen gleichzeitig gezeugt werden können (Löwen, Geparden, Wildhunde, Wühlmäuse). Bei Menschen ist das biologisch nicht möglich, aber manche Gesellschaften haben etwas Ähnliches in kultureller Form praktiziert: Wenn Frauen bewusst Sex mit unterschiedlichen Männern haben, können diese nie sicher sein, welche Kinder »ihre« sind. Das bewirkt, dass Männer sich um den gesamten Nachwuchs sorgen und nicht nur um »den eigenen«.[23] Diese zivilisatorische Praxis ist allerdings mit der Entstehung des Patriarchats zerstört worden. An ihre Stelle trat die sexuelle Kontrolle von Männern über »ihre« Frauen, damit sie sicher sein konnten, dass ihnen keine »fremden« Kinder »untergeschoben« wurden. Vielleicht ist die Akzeptanz weiblicher Promiskuität heute nur deshalb wieder größer, weil Männer inzwischen auf andere Weise in Erfahrung bringen können, welche Kinder »ihre« sind. Tatsächlich bietet die Verschiebung in der Begründung von Vaterschaft – weg von der Ehe mit der Mutter hin zu einer genetischen Verwandtschaft – neue Möglichkeiten für Männer, Frauen und Kinder in ihrer Freiheit zu gängeln. So verbot im Juni 2019 der oberste Gerichtshof Australiens einem lesbischen Paar mit einer elfjährigen Tochter, nach Neuseeland zu ziehen – der Samengeber hatte etwas dagegen. Eine biologische Definition von Vaterschaft ist für die reproduktive Freiheit von Menschen, die schwanger werden können, genauso gefährlich wie die alte patriarchale Definition.

Die Tradition der prinzipiellen Freiwilligkeit von Vaterschaft wirkt bis heute nach. Väter kümmern sich entweder um ihre Kinder oder nicht, je nachdem, wie es ihnen gefällt. Von der Gesellschaft werden sie höchstens finanziell zu einem Beitrag verpflichtet, und auch der wird nur halbherzig eingetrieben. 2,1 Milliarden Euro Unterhalt haben säumige Eltern, fast alles Männer, im Jahr 2018 in Deutschland für ihre Kinder nicht bezahlt, obwohl sie dazu verpflichtet gewesen wären. Die Jugendämter haben das Geld immerhin vorgestreckt, sich aber nur 13 Prozent davon, nämlich 270 Millionen, wieder zurückgeholt, wobei die Quote je nach Kommune schwankt, zwischen 7 Prozent (Hamburg) und 50 Prozent (Sigmaringen). Das Problem ist strukturell: Jugendämter haben, anders als Finanzämter, gar nicht die Ressourcen, um die Einkommensverhältnisse von Vätern zu überprüfen, und verlassen sich in der Regel auf deren Selbstauskunft.[24] Mir ist kein anderer Fall bekannt, wo der Staat einfach zuschaut, wie Menschen in großem Rahmen ihren gesetzlich vorgeschriebenen finanziellen Verpflichtungen nicht nachkommen. Erklärlich nur insofern, als dass Vaterschaft bis heute symbolisch mit Freiwilligkeit verknüpft ist, es also große Vorbehalte dagegen gibt, Männer gegen ihren Willen zum Vatersein anzuhalten – im Hinblick auf das Wohl der Kinder und ihrer Mütter ist das vermutlich auch besser so.

In den vergangenen Jahren ist die öffentliche Debatte stark von Lob für Väter geprägt, die sich um ihre Kinder kümmern. In der Tat gibt es ja auch erfreuliche postpatriarchale Entwicklungen auf diesem Gebiet. Man darf aber nicht übersehen, dass nach wie vor sehr viele Männer sich von ihren Kindern abwenden, wenn die Beziehung zu deren Mutter beendet ist. Zahlen gibt es dazu kaum, aber Internetforen sind voll mit Klagen und Beispielen alleinerziehender Mütter, deren Kinder darunter leiden, dass ihre Väter sich nicht oder nur sporadisch für sie interessieren. Im öffentlichen Diskurs wird dies kaum skandalisiert, und wenn, wird die Schuld bei den Strukturen oder den Müttern gesucht. Dass Väter sich nicht um ihre Kinder kümmern, wird weiterhin akzeptiert und entschuldigt, sowohl innerhalb einer Familie als auch nach Trennungen. Zwar existiert theoretisch eine Umgangspflicht für Väter, aber die steht bloß auf dem Papier. Gerichtlich kann sie nicht durchgesetzt werden, weil ein erzwungener Umgang wohl kaum dem Kindeswohl dienlich wäre. Das aber bildet, aus guten Gründen, den Maßstab für richterliche Entscheidungen.[25] Sofern sie das wünschen, haben Väter allerdings ein Recht auf Umgang mit ihren Kindern, und zwar auch dann, wenn sie gegen die Mütter ihrer Kinder gewalttätig sind.

Die Definition von Vaterschaft als zivilisatorisch, kulturfortschrittlich und komplex bei gleichzeitiger Reduzierung von Mutterschaft auf einen bloß körperlichen, der Natur verhafteten Vorgang bildet den ideologischen Kern des westlichen Patriarchats. Sie hat den Ausschluss der Frauen aus Politik, Wissenschaft, Kulturproduktion und Macht legitimiert. Die Behauptung, Mutterschaft sei Bestandteil einer »natürlichen Ordnung« und könne daher nicht sozial und politisch verhandelt werden, ist quasi der Vorläufer und Kern aller heutigen Gender-Debatten. Heutzutage ist der prinzipielle Ausschluss von Frauen aus dem öffentlichen Bereich zwar nicht mehr akzeptiert. Aber Gleichstellung und Frauenemanzipation haben gerade nicht dazu geführt, dass das »mütterliche Subjekt« öffentlich sichtbar geworden wäre und dass die Belange, die Bedürfnisse und die Freiheit von Menschen, die schwanger werden können, geachtet würden. Im Gegenteil, die reproduktive Differenz ist ein umso größeres Tabu geworden, als nun auch innerhalb des Privaten und innerhalb der Familien das Primat der Gleichheit vorherrscht.

Wie es die italienische Feministin Carla Lonzi bereits 1970 formulierte: »Die Gleichheit der Geschlechter ist heute das Gewand, mit dem sich die Unterordnung der Frau tarnt.«[26]

Über die körperliche Selbstbestimmung schwangerer Menschen

In meiner Jugend, also ab Ende der 1970er Jahre, hing das Schwangerwerdenkönnen wie ein Damoklesschwert über dem Frausein und damit auch über mir. Ungewollt schwanger zu werden war der größte anzunehmende Unfall, der einer Frau widerfahren konnte, und »heiraten müssen« eine gängige Formulierung für einen unfreien Lebensweg: Entweder man »musste heiraten« oder das ehrlose Leben einer unehelichen Mutter führen. Pest oder Cholera.

Entsprechend panisch erlebte ich Sexualität mit Männern. Für mich, die ich eine Gebärmutter hatte (wie ich annehmen musste), war immer klar, dass die Verantwortung dafür, ob ich schwanger werde oder nicht, bei mir selbst liegt. Es kann natürlich nicht schaden, wenn auch potenzielle Samengeber auf Verhütung achten. Aber wer eine Gebärmutter hat, muss schließlich mit ganz anderen Folgen rechnen, wenn etwas schiefgeht. Beim Putzen des Badezimmers kann man es auch mal drauf ankommen lassen und abwarten, wer angesichts des sich anhäufenden Drecks als erstes die Nerven verliert. Beim Verhüten ist aber von vornherein klar, wer im Zweifelsfall »dran« ist: diejenige, die schwanger wird.

Eine Bekannte erzählte mir im Kontext meiner Recherchen zu diesem Buch davon, wie sie sich einmal tief schlafend in einem vielversprechenden erotischen Traum selbst den Spaß unterbrochen hat, um nach Verhütung zu fragen – das habe sie ärgerlich und nachdenklich zugleich gemacht. Ich kann das gut nachvollziehen. Mir saß die Angst vorm Schwangerwerden auch immer im Nacken, und gleichzeitig ärgerte mich das und ich war neidisch auf die Sorglosigkeit meiner Sexualpartner. Obwohl ich darauf achtete, dass sie ein Kondom benutzten (dass ich die Pille nehmen sollte, sah ich nicht ein), erlebte ich immer, wenn sich die Menstruation um ein paar Tage verzögerte, Phasen der Angst. Natürlich erzählte ich niemandem davon. Später habe ich erfahren, dass diese Panik bei älteren Frauen oft noch viel schlimmer gewesen sein muss. Ich wusste ja wenigstens, dass ich nur dann schwanger werden konnte, wenn ein Samenerguss involviert war. Frauen früherer Generationen glaubten mitunter, dass schon Küssen und Streicheln zu einer Schwangerschaft führen könnten.

Wer einen Eindruck von der weiblichen Angst vorm Schwangerwerdenkönnen bekommen möchte, kann auch das bei Émile Zola nachlesen. In drastischen Bildern schildert er die Gründe, warum am Ende des 19. Jahrhunderts Frauen keine Kinder haben wollten oder konnten (beengter Wohnraum, gewalttätige Ehemänner, Armut, Krankheit), und welche Torturen sie auf sich nahmen, um Schwangerschaften zu beenden oder zu vermeiden. Unter anderem haben wohl Chirurgen in Paris diesen Frauen die Gebärmutter operativ entfernt, um Schwangerschaften dauerhaft unmöglich zu machen. Die Risiken des Eingriffs spielten sie herunter und priesen das Ganze als Lifestyle-Operation an, mit fatalen und sogar tödlichen Folgen für manche ihrer Klientinnen.[27]

Auch heute noch sind die Gründe für Abtreibungen sehr oft in den gesellschaftlichen Umständen zu suchen. Prekäre finanzielle Absicherung, zu kleine Wohnungen, verantwortungslose Samengeber, eine kinder- und mütterfeindliche Arbeitswelt sind nicht gerade günstige Umstände, um Kinder in die Welt zu setzen. Gleichzeitig werden Schwangere zum Austragen genötigt.

Abtreibungs- und Verhütungsverbote, sozialer Druck oder auch finanzielle und symbolische Anreize für die erwünschte Reproduktion bestimmter Bevölkerungsgruppen wie Mutterkreuze oder Gebärprämien (wie sie jetzt wieder in Ungarn eingeführt worden sind)[28] lassen die Entscheidung für eine Abtreibung problematisch erscheinen. Aber auch in einer idealen Gesellschaft gäbe es höchstwahrscheinlich noch Schwangere, die kein Kind austragen möchten; und das wäre auch völlig legitim. Seit den 1970er Jahren hat sich, der Frauenbewegung sei Dank, die Situation ungewollt schwangerer Frauen in vielen Ländern zum Glück verbessert, da der Zugang zu Abtreibung zumindest unter gewissen Bedingungen legal möglich ist. Immer noch ist Abtreibung aber in 66 Ländern der Welt entweder ganz verboten oder nur erlaubt, wenn das Leben der Schwangeren in Gefahr ist.[29]

Die Erkenntnis, dass es auch im Fall einer Schwangerschaft noch möglich ist, selbst über den eigenen Körper zu entscheiden, ist für Menschen, die in eine solche Situation geraten können, wie eine »kopernikanische Wende« – damit ändert sich die Perspektive auf die Welt von Grund auf. Ich selbst erfuhr das Mitte der 1980er Jahre, als ich die Frauenbewegung kennenlernte und damit auch von der Möglichkeit erfuhr, abzutreiben. Von da an war meine Panik weg. Ich wusste, dass ein eventuelles Schwangerwerden mich nicht unweigerlich fremdbestimmen würde, sondern dass ich auch dann noch ein freier Mensch mit Handlungsoptionen wäre. Ich könnte abtreiben, oder ich könnte mich entscheiden, das Kind auszutragen, auch ohne den Mann, mit dem ich Sex hatte, mein Leben lang am Hals zu haben.[30] Wenn die Menstruation sich wieder einmal um ein paar Tage verzögerte, war ich nun nicht mehr panisch, sondern nur noch leicht besorgt. Die Frauenbewegung hat mir gezeigt, dass ein freier Umgang mit dem Schwangerwerdenkönnen möglich ist: Mein Bauch gehört mir.

Selbstverständlich ist die Situation in Deutschland bei weitem nicht ideal. Zugang zu Abtreibungen ist zwar möglich, aber praktisch nur für Menschen, die sich mit dem Thema auskennen. Eine Frau, die sich mit der Frage beschäftigt hat, die gut vernetzt und informiert ist, die über finanzielle Ressourcen verfügt, wird im Fall einer ungewollten Schwangerschaft in jedem Fall abtreiben können, mit Hindernissen zwar, aber immerhin. Doch andere Frauen können durch die dem Thema untergelegte symbolische Bewertung als Unrecht, als Straftat, als etwas, das nur in äußersten Notlagen legitim ist, verunsichert und unter Druck gesetzt werden.

Dass man die Entscheidung über eine Abtreibung schwangeren Frauen nicht einfach selbst überlassen darf, sondern ihnen Zwangsberatungen auferlegen und unabhängige Informationen möglichst unzugänglich halten muss (wie sich an den Diskussionen um den § 219a zeigt) schafft ein soziales Klima, in dem die Entscheidung für eine Abtreibung immer den Beigeschmack von etwas Dubiosem, eigentlich Falschem behält.

Kinder zur Adoption freizugeben ist aber auch nicht einfach eine Alternative. Tatsächlich gibt es zwar mehr Nachfrage nach neugeborenen Kindern als solche, die zur Adoption freigegeben werden. Aber der Prozess von Schwangerschaft und Geburt ist eben nichts Nebensächliches und Unwichtiges, das man gleich im Anschluss wieder vergisst. Zumal Adoptionsfreigaben auch durch einen Mütterlichkeitsdiskurs erschwert werden, der den Eindruck erweckt, dass eine Frau, die sich um »ihr« Kind nicht persönlich kümmert, irgendwie »nicht normal« sei. Hinzu kommt, dass Adoptionsfreigaben nur schwer vor dem sozialen Umfeld (das solche Urteile ausspricht) verheimlicht werden können, Abtreibungen hingegen schon.

Die Kontrolle und Bedrängung von Menschen, die schwanger werden können, wird in Gesellschaften, die eigentlich Individualismus, Freiheit und Selbstbestimmung hochhalten, mit der Behauptung legitimiert, Embryonen seien bereits menschliche Wesen mit eigenen Rechten. So schreibt zum Beispiel der Autor Heinrich Schmitz auf der Internet-Plattform *Die Kolumnisten*:

»Der Slogan ›Mein Bauch gehört mir‹ ist rechtlich nur richtig, solange er sich alleine auf den Bauch selbst bezieht. Der ›Inhalt‹ des Bauches gehört zunächst einmal sich selbst.«[31] Im Anschluss an die Aristoteles-Metapher vom männlichen Samen, der in eine weibliche Umgebung hineingepflanzt wurde, wird also auch hier zwischen der Schwangeren und dem Inhalt ihrer Gebärmutter unterschieden und damit ein potenzieller Interessensgegensatz konstruiert. Das führt dann logischerweise zu der Frage, wer die proklamierten »Eigentumsrechte« des Embryos an sich selbst denn wahrnehmen soll, wenn die Schwangere es offensichtlich nicht sein kann, da sie ja in egoistischer Weise beabsichtigt, dem Embryo zu schaden. Jemand anderes – die Gesellschaft, der Samengeber – muss dies übernehmen und quasi als Anwalt des Embryos auftreten, damit dessen Interessen gegen den Egoismus der Schwangeren geschützt werden.

Hinzu kommt heute noch das Paradigma der Gleichstellung und damit der Imperativ, in einer Paarbeziehung alles »fifty-fifty« zu regeln. Das führt dann im Fall einer Schwangerschaft zu der Idee, dass auch hier »beide entscheiden« sollten. In seinen absurdesten Versionen führt das zu Gesetzen wie dem 2017 im US-Bundesstaat Arkansas erlassenen, das dem »biologischen Vater« sogar dann eine Mitsprache bezüglich einer Abtreibung zugesteht, wenn er die Frau vergewaltigt hat.[32] Statt die gewaltsame Schwängerung einer anderen Person als schwerwiegendes Verbrechen anzusehen, durch das der Täter selbstverständlich jegliche Ansprüche und Rechte gegen diese Person verwirkt, geht man davon aus, dass der reine Akt der Zeugung bereits eine quasi sakrale Verbindung zwischen »Kind« und »Vater« schaffen würde, eine Beziehung, die so wertvoll ist, dass sie das körperliche Selbstbestimmungsrecht der Frau außer Kraft setzt.

Es ist also nachvollziehbar, warum die Frauenbewegung bei ihren Kämpfen um reproduktive Selbstbestimmung den Fokus vor allem darauf legte, ungewollt Schwangeren legale und sichere Möglichkeiten der Abtreibung zu verschaffen. Allerdings ist der umgekehrte Aspekt genauso wichtig: dass jede Schwangere die Möglichkeit hat, ihre Schwangerschaft durch Geburt zu Ende zu bringen, wenn sie das möchte, egal ob das irgendwem (dem Samenspender, ihrer Familie, der Regierung) vielleicht nicht passt. Keineswegs leben wir nämlich in Gesellschaften, die sich von allen Frauen Kinder wünschen. Im Gegenteil: Nur *weiße*, bürgerliche, gebildete, einheimische, gesunde Frauen in gesellschaftlich erwünschten familiären Verhältnissen sollen Kinder bekommen, andere aber nicht: arme Frauen, Frauen aus stigmatisierten Bevölkerungsgruppen, Frauen, die nicht in »ordentlichen« Verhältnissen leben. Hinzu kommen Schwangere, die vom Samengeber oder ihren Familien zu einer Abtreibung gedrängt werden, Frauen, deren Babys möglicherweise krank oder behindert sind.

Ganze Bevölkerungsgruppen sollen zuweilen daran gehindert werden, überhaupt schwanger werden zu können. Zwangssterilisationen gehören in rassistischen Gesellschaften zum gängigen Herrschaftsrepertoire. Das Unrecht der antijüdischen und antiziganistischen »Rassenpolitik« des Nationalsozialismus ist inzwischen anerkannt. Die Sterilisationspolitik von Ländern wie USA oder Australien gegenüber Schwarzen und indigenen Minderheiten, die noch bis in die 1970er Jahre praktiziert wurde, ist hingegen kaum skandalisiert worden.[33] In der DDR wurden Vertragsarbeiterinnen aus Vietnam oder anderen Ländern im Fall einer Schwangerschaft ausgewiesen oder zu einer Abtreibung gezwungen.[34] In Peru wurden während der Regierungszeit von Präsident Alberto Fujimori zwischen 1995 und 2001 schätzungsweise 300.000 Frauen und 20.000 Männer zwangssterilisiert. Auch intersexuelle oder trans Personen werden häufig gezwungen, auf Reproduktion zu verzichten, weil Personenstandsänderungen nur nach Operationen möglich sind, die ihre reproduktiven Fähigkeiten zerstören (wie es in Deutschland bis 2011 der Fall war).

Zwangsabtreibungen waren in vielen Ländern auch zur Bekämpfung einer befürchteten »Überbevölkerung« lange gängig, und zwar nicht nur im vielkritisierten China mit seiner Ein-Kind-Politik, sondern auch in Form von westlicher »Entwicklungshilfe«, wie Mara Hvistendahl in ihrem Buch über »Das Verschwinden der Frauen« beschreibt. In ihrer Analyse der Entwicklung selektiver Geburtenkontrolle legt sie dar, dass noch in den 1960er Jahren Abtreibung in den USA (und zwar auch unter konservativ-christlichen Rechten) als probates Mittel zur Geburtenkontrolle bei »unerwünschten« Bevölkerungsgruppen galt, zumal wenn es um die »Dritte Welt« ging. Nachdem in den 1970er Jahren in Indien eine Kampagne zur Zwangssterilisierung von Männern erheblich zum Untergang der Regierung von Indira Gandhi beigetragen hatte, konzentrierte sich die Geburtenverhinderung auf weibliche Körper: Frauen zur Abtreibung oder zur Sterilisation zu zwingen, schien einfacher zu sein, als Männer ihrer »Potenz« zu berauben.

Gleichzeitig wurde – ebenfalls vom Westen aus – die Ultraschalltechnologie in alle Welt verbreitet. Dass dies zu einer Geschlechterselektion führen würde, also zur gezielten Abtreibung weiblicher Föten, war abzusehen und wurde damals auch offen diskutiert. Viele (westliche) Bevölkerungsexperten erhofften sich davon einen positiven Nebenaspekt: Je weniger Frauen, desto weniger Geburten. Dass eine solche Entwicklung tiefgreifende soziale und kulturelle Auswirkungen auf die betreffenden Länder und Regionen haben würde, hatten sie nicht im Blick und interessierte sie auch nicht. Bald schon waren in Ländern wie Korea oder China mobile Abtreibungskliniken unterwegs, die teilweise ebenfalls vom Westen finanziert wurden. Fötusuntersuchungen mit sofortiger Abtreibung bei unerwünschtem, da weiblichem Geschlecht wurden gängige Praxis. Diese Abtreibungen fanden oft erst im zweiten oder sogar letzten Drittel der Schwangerschaft statt, denn je später, umso sicherer kann per Ultraschall das Geschlecht bestimmt werden. Mittlerweile ist diese Praxis unter Geldstrafe verboten, was natürlich nicht heißen muss, dass es unter Umständen nicht dennoch heimlich gemacht wird.

Wenn wir heute also vom Recht auf reproduktive Selbstbestimmung sprechen, ist es wichtig, beides gemeinsam zu betonen: dass niemand dazu *gezwungen* werden darf, schwanger zu werden oder eine Schwangerschaft zu Ende zu führen. Dass aber auch niemand daran *gehindert* werden darf, schwanger zu werden oder eine Schwangerschaft zu Ende zu führen.

Das schließt ein, dass keine Person, die ein Kind geboren hat, anschließend dazu *gezwungen* werden darf, sich um dieses Kind selbst zu kümmern. Und es schließt ein, dass keine Person, die ein Kind geboren hat, daran *gehindert* werden darf, sich um dieses Kind zu kümmern.

Reproduktive Selbstbestimmung bedeutet, dass Menschen, die schwanger werden können, sowohl in ihrer Sexualität als auch in Bezug auf eine Fortführung oder Beendigung einer Schwangerschaft frei sind, und dass sie selbst nach der Geburt eines Kindes entscheiden können, wie es nun weitergeht.

Bei den feministischen Kämpfen gegen staatliche Abtreibungsverbote geht es also nicht darum, ein »Recht« auf Abtreibung zu fordern oder darum, ein ethisches Urteil darüber zu fällen, wie schlimm oder nicht schlimm eine Abtreibung ist. Sondern es geht um die Frage, ob man Menschen, die schwanger werden können, als freie Subjekte betrachtet, die in Bezug auf ihre (unter Umständen schwangeren) Körper verantwortlich handeln, oder ob man sie entmündigt und im wahrsten Sinne des Wortes in ihren Körper hineinregiert. Feminismus kämpft nicht dafür, dass möglichst viele Abtreibungen stattfinden. Feminismus kämpft dafür, dass das Recht, über den eigenen Körper selbst zu bestimmen, auch für Schwangere gilt. Man kann einen Embryo nicht losgelöst vom Körper der Schwangeren betrachten, von dem er ein Teil ist. Feminismus kämpft dafür, diesem speziellen menschlichen Zustand gerecht zu werden, der sich aus dem »Nicht eins, nicht zwei« ergibt. Abtreibungen sind für Menschen, die schwanger werden können, kein Recht, sondern manchmal eine Notwendigkeit, wie die italienische Philosophin Luisa Muraro sagt.[35] Nur wer selbst in der Situation ist, kann über diese Notwendigkeit entscheiden. Oder, wie Erica Millar es schreibt: Was wir wollen, ist eine Gesellschaft, in der jede Frau abtreiben kann, die das will, und in der keine Frau abtreibt, die das nicht will.[36]

Das Recht auf körperliche Selbstbestimmung schwangerer Menschen endet dann, wenn das biologische Verhältnis zwischen einer Schwangeren und ihrem Kind in ein gesellschaftliches Verhältnis übergegangen ist. Rein biologisch könnte man argumentieren, dass das in dem Moment geschieht, wo die Nabelschnur durchtrennt wird. Denn ab diesem Augenblick ist das Neugeborene ein eigenständiger Mensch, nicht mehr mit der Schwangeren verbunden, kein Fötus mehr, sondern ein Kind. Es gibt aber gute ethische, politische und menschenrechtliche Gründe, einer Person, die geboren hat, das Recht zuzugestehen, die soziale Beziehung zwischen dem ihrem Kind und dem »Bezugsgewebe der menschlichen Angelegenheiten«,[37] von dem Hannah Arendt spricht, stiften zu können. Alles andere ließe sich nur gewaltsam durchsetzen, wäre Gewalt.

Das derzeitige Adoptionsrecht in Deutschland sieht vor, dass Mütter frühestens acht Wochen nach der Geburt verbindlich in eine Adoption einwilligen können.[38] Diese recht lange Frist ist zum Teil sicher auch der Tatsache geschuldet, dass Adoptionsfreigaben in unserer Kultur als höchst außergewöhnliche Angelegenheiten betrachtet werden, als seltenste Ausnahmen. Ich stimme hingegen Sophie Lewis zu, die in ihrem aktuellen Buch »Full Surrogacy Now« dafür plädiert, ausgehend vom Leihmutterschafts-Diskurs neue und vielfältigere, »queere« Communities zu entwerfen, die das Verhältnis von Erwachsenen und Kindern völlig neu bestimmen. Das würde auch bedeuten, dass es viel häufiger vorkommt und gesellschaftlich akzeptiert ist, wenn Kinder in der Obhut von anderen Menschen als denen, die sie geboren haben, aufwachsen. Allerdings stellt sich auch dann die Frage, wie genau der Übergang vom biologischen Zustand des Schwangerseins in eine solche Gesellschaftlichkeit vollzogen wird. Dass man nach der Geburt eines Kindes genügend Zeit haben sollte, um in Ruhe darüber nachzudenken, wie mit dem Kind weiterverfahren werden soll, ist angesichts des körperlich belastenden Zustands durchaus plausibel. Zumal die Entscheidung, wenn sie einmal getroffen wurde, tatsächlich unumkehrbar ist. Im Beziehungsgeflecht zwischen dem Neugeborenen und anderen Erwachsenen, dem Vater, Co-Müttern, erweiterten Familien und Bekanntenkreisen entwickeln sich Beziehungen, die je nachdem, wie sie verlaufen, sukzessive wichtiger werden als die Beziehung, die sich während der Schwangerschaft entwickelt hat. Diesen Beziehungen ist auch die Person, die ein Kind geboren hat, verpflichtet. Wenn sie das Kind erst einmal verbindlich in die Obhut anderer gegeben hat, kann sie es sich nicht nach Belieben wieder anders überlegen.

Auf den ersten Blick mag dieser Vorschlag angesichts heutiger Gleichheitsdiskurse radikal erscheinen, weil er Männer und Frauen in Hinblick auf ihre reproduktiven Rollen nicht als Gleiche betrachtet. Aber im realen Leben der allermeisten Eltern würde sich dadurch vermutlich gar nichts ändern. Viele Schwangere haben den ausdrücklichen Wunsch, ihr Kind gemeinsam mit einem Mann und speziell mit dem Samengeber großzuziehen und eine Familie zu bilden. Und das könnten sie ja auch tun. Aber sollten Vaterschaften (und Co-Elternschaften generell) sich wirklich auch gegen den ausdrücklichen Willen der Person konstituieren, die ein Kind geboren hat? Wäre es nicht sinnvoller und dem Wohl von Kindern zuträglicher, wenn sie mit Eltern aufwachsen, die sich gegenseitig mögen und konstruktiv zusammenarbeiten? Sollten Kinder nicht wenigstens eine Chance bekommen, in befriedeten sozialen Verhältnissen zu leben? Sicher, im Lauf der Jahre kann es immer dazu kommen, dass Paare auseinandergehen und Familien zerbrechen.

Dafür ist ein guter Umgang zu finden, der der jeweiligen konkreten Situation gerecht wird. Aber die Grundlage für Elternschaft sollte nicht ein von Gesetzen besiegelter genetischer Befund sein, sondern real gelebte Verantwortungsverhältnisse und gute Beziehungen.

Die Bedeutung der Schwangerschaft wurde in den vergangenen Jahren teilweise auch deshalb heruntergespielt, damit Väter möglichst als »Gleiche« in den Prozess einbezogen werden können. Aber die doch relativ bescheidenen Erfolge bei der Umverteilung von Care-Arbeit sind mit massiven Einkommens- und Selbstbestimmungsverlusten auf Seiten der Mütter einher gegangen. Zwar gibt es auch erfreuliche Versuche von Vätern, neue und postpatriarchale Männlichkeitsbilder in ihrem Verhältnis zu Kindern und Frauen zu entwickeln. Dem steht jedoch zugleich ein massiver antifeministischer Lobbyismus von Männer- und Vaterrechtlern gegenüber, der die Freiheit von schwangeren Frauen mit Rückgriff auf »emanzipatorische« Argumentationen systematisch untergräbt.

Die Rückbesinnung auf die reproduktive Differenz bietet einen Ausweg aus diesem symbolischen Teufelskreis. Denn indem die Schwangerschaft in ihrer besonderen Struktur ernst genommen wird, kann gleichzeitig der Unterschied zwischen diesem pränatalen *körperlichen* Zustand und einem postnatalen *sozialen* Zustand deutlich werden. Dass die Schwangere selbst diesen Übergang vollziehen kann, wäre das naheliegende Verfahren in einer postpatriarchalen Ordnung, die Vaterschaft nicht mit Herrschaft gleichsetzt, sondern an reale, gelebte Beziehungsverhältnisse knüpft. Es schließt die Möglichkeit gerade *ein*, dass sie das Kind nicht bei sich behält, sondern freiwillig in die Obhut anderer übergibt. Schwangeren wäre die Souveränität zurückgegeben, die patriarchale Kulturen ihnen geraubt haben. So wie in dem Film »Rückkehr ans Meer« von François Ozon aus dem Jahr 2009, der die Geschichte einer auf doppelte Weise souveränen Schwangeren erzählt: Die Protagonistin entscheidet sich erstens gegen große Widerstände dafür, Mutter zu werden, also ein Kind zu gebären, obwohl sie drogenabhängig ist, dafür angefeindet wird, keine Unterstützer*innen hat. Und sie entscheidet sich dann zweitens dafür, das Kind in die Obhut eines anderen zu übergeben, eine Freiheit, die sie nur hat, weil es jemanden gibt, dem sie ihr Kind anvertrauen *kann* und *will*, aber nicht *muss*.

Nach der Geburt eines Kindes gibt es genau drei Möglichkeiten, was nun geschehen kann. Jede dieser drei Möglichkeiten ist legitim und mit der Menschenwürde der beteiligten Personen zu vereinbaren. Entweder die Gebärerin übernimmt selbst die Verantwortung für die Versorgung dieses Kindes. Oder sie teilt diese Verantwortung mit einer oder mehreren anderen Personen und gründet eine Familie. Oder sie übergibt das Kind vollständig in die Verantwortung anderer Menschen und zieht sich selbst aus der Elternschaft zurück.

Nicht mit der Menschenwürde vereinbar ist hingegen, dass das Baby *gegen den Willen* der Gebärerin in die Obhut anderer Menschen übergeben wird, man es ihr also wegnimmt – so wie es noch vor gar nicht langer Zeit auch in Deutschland allzu häufig alleinstehenden Frauen ergangen ist.[39] Jede soziale Regelung, die der Person, die ein Kind geboren hat, das Recht verweigert, die soziale Beziehung zwischen dem Neugeborenen und der Gesellschaft selbst zu stiften, lässt sich nur mit Hilfe von Gewalt durchsetzen. Und ist damit inakzeptabel.

Leihmutterschaft, Eizellenverkauf, Reproduktionsmarkt

»Let's make a million babies«, sagt Oliver am Ende der dritten Staffel der Fernsehserie »How to get away with Murder« zu seinem Freund Connor, nachdem dieser glücklich aus dem Polizeigewahrsam entlassen wurde. Der Satz erinnert erneut an den Roman »Fruchtbarkeit« von Émile Zola, dessen zentrales Paar, Mathieu und Marianne, am Ende zwar nicht eine Million, aber doch 158 Kinder, Enkel und Urenkel in die Welt gesetzt hat. Am Bedeutungswandel der Popsong-Zeile »We are family« (von Sister Sledge) lässt sich, wie Yv Nay schreibt, ablesen, wie sich der Familienbegriff der Queer Community seit den 1980er Jahren gewandelt hat: »Wir sind Familie« drückte früher aus, dass soziale Verbindungen etabliert werden können, die die Enge des biologischen Familienbegriffs relativieren. Heute bedeutet »We are family«, dass auch lesbische oder sogar schwule Paare »ganz normale« – nämlich biologische – Familien gründen können.[1]

Dass homosexuelle Paare »eigene« Kinder haben können, ist aber nur eine von vielen neuen Möglichkeiten, die die Reproduktionstechnologie geschaffen hat, wenn auch die augenfälligste. Ob Frauen nach der Menopause oder Männer, die kaum fruchtbare Spermien haben: Viele, denen das früher nicht möglich war, können sich heute »den Traum vom eigenen Kind« erfüllen. »Die Befreiung der Frauen von der Tyrannei der Fortpflanzung durch jedes nur mögliche Mittel«,[2] die Shulamith Firestone sich 1970 erhofft hatte, steht aber noch aus. Bisher haben Reproduktionstechnologien das Schwangersein nicht überflüssig gemacht, nur zu einem Geschäftsmodell erhoben. Ob das gut oder schlecht ist, ist gesellschaftlich, aber auch unter Feministinnen umstritten. Intuitiv ruft die Vermarktung von »Schwangerschafts-Arbeit« bei vielen Ablehnung hervor; allerdings hat Sophie Lewis in ihrem Essay »Full Surrogacy Now« gezeigt, dass viele der gegen Leihmutterschaft vorgebrachten Argumente auf problematischen Vorannahmen über die »Natürlichkeit« des weiblichen Schwangerseins beruhen. Und trotz aller negativen Begleitumstände hat die Entwicklung zumindest bewirkt, dass die Bedeutung und der Wert von Schwangerschaften quantifizierbar und Gegenstand politischer Diskussionen geworden ist.

Der Zeitpunkt, ab dem Föten außerhalb des Körpers einer Schwangeren überleben können, hat sich trotz aller Technologie bislang nur leicht verschoben, von der 28. Schwangerschaftswoche auf die etwa 24. – theoretisch wenigstens, praktisch ist die Todesrate von Frühchen in diesem Alter sehr hoch. Mindestens fünf bis sechs Monate muss ein Mensch immer noch schwanger sein, damit ein neuer Mensch zur Welt kommen kann.

Aber vielleicht müssen das ja keine Frauen mehr sein. Im Dezember 2018 kam erstmals ein Baby zur Welt, das in einer transplantierten Gebärmutter ausgetragen wurde, die man einer Verstorbenen entnommen hatte.[3] Bis dahin waren Gebärmütter nur erfolgreich transplantiert worden, wenn sie von lebenden Spenderinnen kamen. Wenn das Verfahren post mortem möglich ist, könnte die Verfügbarkeit von Gebärmuttern deutlich ansteigen. Auch an robotergestützten Uterus-Transplantationen wird geforscht, ebenso an einer künstlichen Herstellung des Organs.[4] Derzeit werden Gebärmuttertransplantationen zwar nur für cis Frauen angeboten, aber als Möglichkeit für trans Frauen sind sie immerhin bereits in der Diskussion, und das wiederum bedeutet ja, dass sie theoretisch auch für cis Männer infrage kommen.

Werden also in Zukunft alle Menschen gebären können? Wird es fürs Kinderhaben egal sein, ob man mit oder ohne Uterus zur Welt gekommen ist? Verschwindet die reproduktive Differenz vielleicht irgendwann oder wird zumindest so unwichtig, wie es mit der Erfindung von Brillen und Kontaktlinsen die gegebene Sehschärfe wurde? Wem das wie Science-Fiction erscheint, sollte sich vor Augen führen, mit welch atemberaubender Geschwindigkeit die Fortschritte in der Reproduktionsmedizin bisher abgelaufen sind. 1978 kam das erste »in vitro« gezeugte Baby zur Welt, 2015 wurden allein in Deutschland bereits etwa 20.000 Kinder geboren, die auf diese Weise gezeugt worden sind, Tendenz steigend. Weltweit waren es inzwischen wohl über acht Millionen. Nicht nur entscheiden sich immer mehr Paare, auf diese Weise Kinder zu zeugen, die Verfahren führen auch immer häufiger zum Erfolg.[5]

Die In-vitro-Fertilisation schuf die technologische Voraussetzung dafür, dass Zeugung und Schwangerschaft voneinander getrennt werden konnten. Die befruchtete Eizelle, die sich im Körper einer Schwangeren hin zum Baby entwickelt, muss nicht mehr deren eigene sein. Das hat einen Markt für bezahlte Schwangerschaften eröffnet. Nicht nur Männerpaare wie Oliver und Connor können dank Leihmutterschaft heute davon träumen »eine Million Babys« zu machen. Auch andere bislang unmöglich zu verwirklichende Reproduktionswünsche sind nun erfüllbar. In China kam kürzlich ein Junge zur Welt, dessen genetische Eltern bereits seit vier Jahren tot waren – die Großeltern hatten dafür gekämpft, dass der vorher eingefrorene Embryo von einer anderen Frau ausgetragen werden konnte.[6]

An sich sind Leihmutterschaften kulturell kein neues Phänomen. Schon zu biblischen Zeiten wurden sie praktiziert, wie die Geschichte von Sara zeigt: Sara, die Frau Abrahams, konnte nicht schwanger werden und zwang ihre Sklavin Hagar, an ihrer Stelle mit Abraham ein Kind zu zeugen und dieses dann zu gebären.[7] In ländlichen Regionen Europas gab es noch im vorigen Jahrhundert die Praxis (die ja auch naheliegend ist), dass Frauen, die viele Kinder gebären konnten, manche davon anderen, unfruchtbaren Frauen an Kindes statt anvertrauten.[8] Auch in städtischen proletarischen Milieus war es durchaus üblich, dass Kinder in der Obhut von Erwachsenen aufwuchsen, die nicht ihre leiblichen Eltern waren – zum Beispiel, wenn der Arbeitsmarkt es erforderte, wenn wegen Streiks das Geld fehlte, wenn Eltern wegen politischen Aktivitäten im Gefängnis waren oder auf der Suche nach besseren Lebensmöglichkeiten in andere Gegenden zogen. Und schließlich ist hier auch die systematische reproduktive Ausbeutung afrikanischer versklavter Frauen zu nennen, die Kinder für ihre Herren gebären mussten. Dass leibliche Eltern und Kinder ungestört zusammenleben können, ist keine Selbstverständlichkeit. Es ist ein Privileg, das nicht alle Menschen genießen, und zwar auch heute noch, wie man an der Frage von verweigerten Familienzusammenführungen bei Geflüchteten sieht.

Anders als die heutigen technologisch assistierten, staatlich kontrollierten und kommerziell motivierten Leihmutterschaften geschahen entsprechende Arrangements früher allerdings autonom, also ohne einklagbare Verträge und auf der Basis von direkten persönlichen Beziehungen zwischen den Beteiligten. Im Zentrum stand nicht die genetische Elternschaft, sondern die soziale: Die Rolle von Mutter und Vater übernahmen Personen, die sich faktisch im Alltag um die Kinder kümmerten, also »wie Mütter und Väter« handelten. Bei der heutigen Leihmutterschaft hingegen wird Elternschaft ausschließlich genetisch definiert: Als »wirkliche« Mutter und Vater gelten diejenigen, die Eizelle und Sperma beigesteuert haben.

Trotzdem erhoffen sich, ähnlich wie Shulamith Firestone, Feministinnen und LGBTQI-Aktivist*innen von der Entwicklung der Reproduktionstechnologie mehr Freiheit, mehr Möglichkeiten, das Kinderkriegen nach eigenen Wünschen zu gestalten, und die biologischen Begrenzungen der Reproduktion zu überwinden.

Wie die Transplantation von Gebärmüttern deutlich macht, haben Reproduktionstechnologien das Potenzial, Geschlechtergrenzen aufzulösen. Antoinette Fouque etwa schreibt, Leihmutterschaft erscheine ihr »als ein ausgezeichnetes Mittel, um die patriarchale mütterliche Funktion zu entsakralisieren.«[9]

Gleichzeitig haben Feministinnen aber von Anfang an die Kommerzialisierung der Reproduktionsmedizin, die Verfügbarmachung der Gebärfähigkeit für den kapitalistischen Markt und die damit einhergehende Gefahr der Normierung und Ausbeutung von Frauen kritisiert. Zumal dieser Markt bisher beschönigend nicht als solcher benannt wird. Das Geld, das dabei fließt (und das die Hauptmotivation ist, warum Leihmütter und Eizellenspenderinnen mitmachen) gilt als »Entschädigung«, aber nicht als Lohn oder Kaufpreis. Das Autorinnen-Kollektiv Kitchen Politics kritisiert in dem Band »Sie nennen es Leben, wir nennen es Arbeit«,[10] dass durch diese Verschleierung eine politische und gewerkschaftliche Organisation der Leihgebärerinnen und Eizellenproduzentinnen verhindert wird, ebenso wie die Durchsetzung klarer Rechte. Sie fordern deshalb die Anerkennung von bezahlten Schwangerschaften und Eizellenproduktion als Arbeit. Ganz ähnlich argumentiert Sophie Lewis.

Manchmal wird ein Vergleich zwischen diesen Einkommensquellen und Sexarbeit gezogen, aber die Argumente zur Akzeptanz von Sexarbeit lassen sich nicht auf bezahlte Schwangerschaften und den Verkauf von Eizellen übertragen. Denn dabei handelt es sich nicht um professionelle Dienstleistungen, sondern tatsächlich um ein Vermieten des eigenen Körpers beziehungsweise den Verkauf von Körpersubstanzen. Schwangersein ist eben nicht bloß eine *Tätigkeit*, sondern gleichzeitig auch ein *Zustand*.

Eine Eizellentnahme wiederum ist eine invasive Prozedur mit ernsten gesundheitlichen Risiken.[11] Sie ist nicht im Entferntesten mit Samenspenden gleichzusetzen, für die man nur mal kurz in einen Becher onanieren muss. Und sie ist auch nicht mit Prostitution vergleichbar, deren Risiken nicht an biologischen Faktoren liegen, sondern gegebenenfalls aus dem sozialen Umfeld der Tätigkeit herrühren.

Ein einfaches Pro und Contra in Bezug auf Reproduktionstechnologien ist aus feministischer Sicht kaum möglich, sondern es gilt, die Maßstäbe zu klären. Antoinette Fouque hofft, dass »die künstliche Prokreation den Reichtum der natürlichen Prokreation zum Vorschein bringt. Die Anerkennung letzterer ist ein Akt der Dekolonisierung des Uterus.« Ein Verbot der Leihmutterschaft würde ihrer Ansicht nach bedeuten, »dass die Frauen erneut den Besitz ihres Körpers verlieren«.[12] Freilich wendet sich Fouque gegen kommerzielle Leihmutterschaft, aber was bleibt denn, wenn man realistisch ist, vom Boom der Reproduktionstechnologie übrig, wenn man das Kommerzielle davon abzieht? Sophie Lewis schlägt vor, die Kapitalisierung von Schwangerschafts-Arbeit als Ausgangspunkt zu nehmen für eine politische Bewegung, die in Solidarität mit den Reproduktionsarbeiterinnen das Schwangersein und Kindergebären aus dem Bezug zur Familie löst und so für eine Welt zu kämpfen, in der die »Arbeit« des Schwangerseins und Gebärens gesellschaftlich anerkannt ist, auch materiell, und in der Kindergebären und Kinderversorgen nicht länger in eins gesetzt werden.

Auf jeden Fall kann man solchen Überlegungen Kriterien entnehmen, nach denen die Entwicklungen aus feministischer Sicht zu bewerten wären: Welche Folgen hat eine Technologie oder eine neue Praxis der Reproduktion für Menschen mit Gebärmutter? Respektiert sie deren Freiheit oder bedroht sie diese? Eröffnet sie mehr Vielfalt oder schafft und zementiert sie Normierungen? Nicht die Technologien als solche sind gut oder schlecht, sondern die Art und Weise, wie sie genutzt werden.

Gleichzeitig darf man den derzeitigen Anteil der Reproduktionstechnologie an der menschlichen Fortpflanzung aber auch nicht überschätzen. Selbst in den am stärksten technologisierten Ländern kommen noch über 95 Prozent aller Schwangerschaften autonom zustande, also ohne technologische Unterstützung, von anderen Weltregionen ganz zu schweigen. In-vitro-Fertilisation ist immer noch eine Ausnahme, und die Anwendung von Transplantationstechnologien beschränkt sich bislang auf spektakuläre Einzelfälle.

An dieser Stelle soll auch kurz die Frage aufgeworfen werden, was überhaupt unter einer »künstlichen« Befruchtung zu verstehen ist. Häufig wird die Grenze zwischen einer sogenannten »künstlichen« und einer angeblich »natürlichen« Befruchtung entlang des Kriteriums des penetrativen Geschlechtsverkehrs gezogen. So gesehen gilt dann auch eine Zeugung mit »Becherchen« als künstlich (also wenn ein Samengeber das Sperma auffängt und die Person, die schwanger werden möchte, es mit Hilfe einer Spritze oder auch einer Menstruationstasse in ihre Vagina einführt), und erst recht andere mechanische Praktiken der Insemination wie jene mit einem Schlauch, der das Sperma näher an die Gebärmutter bringt (was bereits seit Mitte des 19. Jahrhunderts gemacht wird).[13] Aber an solchen Verfahren ist ja eigentlich nichts »künstlich«. Es ist doch völlig egal, wie genau Sperma und Eizelle zusammenkommen, solange das von den zeugenden Personen selbstständig gehandhabt werden kann. Die Möglichkeit und Notwendigkeit von sozialer Kontrolle oder juristischen Reglementierungen, also eben die »Politikbedürftigkeit«, ergibt sich erst, wenn für die Befruchtung eine Expertise benötigt wird, die Menschen sich nicht so ohne Weiteres selbst aneignen können.

Die Reproduktionstechnologie hat in der Tat nicht nur die Möglichkeiten des Schwangerwerdenkönnens erweitert, sondern auch die der staatlichen Regulierung desselben. Christina von Braun schreibt, dass im Jahr 1947 New Yorker Studenten Samenspenden organisiert hätten, um damit ihr Einkommen aufzubessern. Die Gesundheitsbehörden erließen dann eine Vorschrift, die den Verkauf von menschlichem Sperma nur ausgewiesenen Ärzten erlaubte. Dafür hat es sicher auch medizinische Gründe gegeben, aber erst so wurde die Voraussetzung dafür geschaffen, dass kommerzielle Samenbanken entstehen konnten,[14] die dann wiederum staatlich reguliert werden können, um zum Beispiel Lesben oder unverheiratete Frauen als Käuferinnen auszuschließen.

Versuche, das Schwangerwerdenkönnen unabhängig von heteronormativen Familienstrukturen zu organisieren, sind jedenfalls viel älter als die Reproduktionstechnologie. Auch vor der In-vitro-Fertilisation haben Frauen Wege gefunden, schwanger zu werden, ohne mit einem Mann Sex zu haben, oder zumindest ohne mit einem Mann zusammen eine Familie zu gründen. Die Reproduktionstechnologien boten jedoch Vorwand und Möglichkeiten, solche autonomen Wege des Kindererzeugens zu unterbinden und stattdessen Regularien für erwünschte Familienformen zu entwickeln.

Die In-vitro-Fertilisation hat also gerade nicht zu mehr Vielfalt und Freiheit geführt, sondern im Gegenteil traditionelle Narrative verstärkt. Die größte Nachfragegruppe nach Eizellenspende und Leihmutterschaft bilden nicht homosexuelle Männerpaare, alleinstehende Frauen oder Lesben, sondern heterosexuelle, der traditionellen zweigeschlechtlichen Norm entsprechende Paare. Die wenigsten von ihnen sprechen offen darüber. Viele verschweigen das Verfahren und tun so (oder lassen die Leute in dem Glauben), sie hätten ihr Kind selbst gezeugt und geboren. Schwule Paare haben diese Möglichkeit, den »künstlichen« Ursprung ihrer Kinder zu verschleiern, nicht: Wenn Oliver und Connor nach Jahrzehnten neunzigjährig von einer Schar Urenkel*innen umgeben auf dem Sofa sitzen, wissen alle, dass sie die Gebärmutter anderer Menschen gebraucht haben, um sich fortzupflanzen. Bei Susie und Peter nicht. Ganz im Gegenteil werden alle annehmen, dass Susie die Kinder ausgetragen und geboren hat.

Während hinter der cis-männlichen Nachfrage nach Reproduktionstechnologie eine biologische Notwendigkeit steht – die

Betreffenden haben keine Gebärmutter – steht hinter der Nachfrage von cis Frauen meist eine bestimmte Vorstellung davon, wie ihr Leben ablaufen soll. Viele Frauen möchten heute nicht mehr mit Anfang zwanzig schwanger werden, wenn das bei den meisten noch problemlos klappt. Sie versuchen es erst in ihren Dreißigern oder gar Vierzigern, wenn auch Menschen, die eine Gebärmutter haben, nicht mehr so leicht schwanger werden. »Leider passt unsere Biologie nicht mit der modernen Welt zusammen«,[15] wie es eine Reproduktionsmedizinerin ausdrückt. Die Verfahren, die die Biologie der modernen Welt anpassen sollen, werden dabei immer ausgefeilter. Inzwischen können Sperma und Eizelle nicht mehr bloß »in vitro« zusammengebracht werden, sondern das Spermium wird direkt in die Eizelle hineingespritzt (»Intrazytoplasmatische Spermieninjektion«, auch ICSI genannt). Das macht eine Befruchtung auch dann noch möglich, wenn nur wenige fruchtbare Spermien vorhanden sind.

Bald ist es vielleicht auch möglich, befruchtete Eizellen vor der Implantation in eine Gebärmutter genetisch zu verändern (mit dem sogenannten CRISPR-Verfahren, bei dem einzelne Eigenschaften des Babys genetisch manipuliert werden). Ein chinesischer Wissenschaftler hat im Dezember 2018 behauptet, dass ihm so etwas gelungen sei. In der wissenschaftlichen Community kamen zwar Zweifel an der Erfolgsmeldung auf, die grundsätzliche Möglichkeit wurde aber nicht bestritten.[16]

Was in der Tat bereits möglich ist und in vielen Ländern auch schon praktiziert wird, ist die Präimplantationsdiagnostik, also die Selektion von Embryonen vor dem Einsetzen in die Gebärmutter: Wenn die Zeugung ohnehin außerhalb des Körpers stattfindet, so das Argument, kann man auch diejenigen Embryonen auswählen, die man haben will. Das Spektrum reicht dabei vom Ausschluss von Erbkrankheiten bis zur Wahl des Geschlechts.[17]

Die Geschlechtsselektion hat in Ländern wie China oder Indien bereits zu einem starken demografischen Missverhältnis zwischen Frauen und Männern geführt, in manchen Regionen werden pro 100 Mädchen mehr als 170 Jungen geboren – wobei die vorgeburtliche Selektion sicher der ansonsten praktizierten selektiven Abtreibung weiblicher Föten vorzuziehen ist.[18] Geschlechterselektion findet aber auch in Ländern statt, die sich selbst als gleichberechtigt verstehen. Die Bevorzugung von männlichem Nachwuchs hat hier zwar einen schlechten Ruf, zumal manche Familien auch dezidiert Mädchen wünschen (sie gelten als gehorsamer und »pflegeleichter«), aber auch hier möchten viele Eltern gerne aussuchen, ob sie einen Jungen oder ein Mädchen bekommen; man nennt das dann »Family Balancing«.[19]

Dass sich der Einsatz von Reproduktionstechnologie nicht noch schneller verbreitet, liegt nicht an den Grenzen der Machbarkeit, sondern an den politischen und ökonomischen Rahmenbedingungen. Die Verfahren sind teuer, also nur erschwinglich für Personen, die reich sind, oder bei denen die Krankenkassen die Finanzierung übernehmen. In ethischer wie finanzieller Hinsicht stellen sich also genau genommen drei Fragen: Welche Technologien sind generell erlaubt? Wer darf die erlaubten Technologien in Anspruch nehmen? Und wer bekommt, wenn er sie in Anspruch nimmt, die Kosten dafür erstattet? Die diesbezüglichen Gesetze variieren von Land zu Land stark und ändern sich laufend. In Deutschland sind die Bestimmungen im internationalen Vergleich restriktiv; die Verwendung fremder Eizellen, Leihmutterschaft und Geschlechterauswahl bei Embryonen sind verboten. Die Krankenkassen beteiligen sich an den Kosten nur bei verheirateten, heterosexuellen Paaren in einer bestimmten Altersspanne.[20]

Im Prinzip lässt sich bei den Regelungen zum Einsatz von Reproduktionstechnologie eine ähnliche Tendenz beobachten wie bei Körperimplantaten und Prothesen: Die Technologie soll nur das ersetzen, was auch »normalerweise« möglich ist, aber nichts »Unnatürliches« darüber hinaus ermöglichen. Deshalb sind IvF-

Behandlungen in vielen Ländern, auch wenn es kaum prinzipielle ethische Bedenken gegen deren Einsatz gibt, nur heterosexuellen Paaren bis zu einem gewissen Alter erlaubt, nicht jedoch homosexuellen Paaren oder älteren Menschen. In der Regel ist auch äußerliche Ähnlichkeit vorgeschrieben: »Die Spenderin muss in Aussehen und genetischem Code der Empfängerin der Eizelle so ähnlich wie möglich sein«,[21] heißt es etwa in einer Reportage aus einer spanischen Reproduktionsklinik, wobei mit »Ähnlichkeit« vor allem gemeint ist, dass es eine Homogenität entlang von »race« gibt. Einen medizinischen Grund für diese Bestimmungen gibt es nicht, sie haben rein soziale Gründe. Sie sollen die Illusion von »Natürlichkeit« aufrechterhalten.

Das verhindert freilich nicht, dass Eltern und Mediziner*innen möglichst nach einer »Verbesserung« der Embryonenqualität streben. Der Trend geht im Fall von bezahlten Schwangerschaften zur gesplitteten Dienstleistung, das heißt, Eizellenspenderinnen und Tragemütter sollen meist zwei verschiedene Personen sein, weil sie unterschiedliche Qualitäten brauchen: Für die Eizellen werden junge, hübsche Frauen, gerne mit IQ-Bescheinigung bevorzugt – in Europa sind vor allem Spanierinnen und Osteuropäerinnen beliebt, weil sie »weiß« aussehen. Als Tragemütter kommen hingegen auch ältere Frauen oder Frauen of Color in Frage, es ist teilweise sogar erwünscht, dass sie möglichst »anders« aussehen als die späteren Babys, weil es in dieser Logik dann offensichtlicher ist, dass es nicht »ihre« sind. Vom Charakter her hat das Verhältnis zwischen Auftragseltern und Tragemüttern tatsächlich etwas von temporärer Leibeigenschaft. Während der Schwangerschaft können die Auftraggeber häufig bis ins Detail darüber befinden, was die Schwangere tun darf, was sie isst, wie sie lebt. Es ist ja »ihr« Kind, das in dieser anderen Frau heranwächst.

Die im internationalen Vergleich restriktive Gesetzeslage in Deutschland zieht natürlich Reproduktionstourismus nach sich. Länder wie Polen, Spanien oder die Ukraine haben die Reproduktionsmedizin als Geschäftsmodell entdeckt. Unzählige Internetseiten informieren über Kinderwunschkliniken, die ihre Dienste auch denen anbieten, die in ihren Heimatländern nicht legal eine medizintechnisch assistierte Zeugung vornehmen können. Nachdem bis vor kurzem der Wunschkindermarkt ein global unaufhaltbar boomendes Geschäft zu sein schien – die Nachfrage ist offenbar riesig –, ist die Expansion seit einigen Jahren ins Stocken geraten. Einige Länder, in denen sich eine regelrechte Industrie für Eizellenverkauf und Leihmutterschaft gebildet hatte (Indien, Mexiko oder die Philippinen) erlauben Leihmutterschaft nur noch für die eigene Bevölkerung. Die Situation ist maximal unübersichtlich, und Gesetzgebung wie Verfahrensweisen ändern sich laufend. Manche Kliniken sind auch wohl tatsächlich in kriminelle Menschenhandels-Geschäfte verwickelt, wie die ukrainische Firma BioTexCom, der vorgeworfen wird, unter dem Deckmantel von Kinderwunschbehandlungen schlicht ukrainische Kinder ins Ausland verkauft zu haben.[22] Die unübersichtliche Lage und die disparaten ethischen Bewertungen bieten jedenfalls Chancen für einen Reproduktionsmarkt, auf dem sich seriöse wie dubiose Anbieter tummeln.

Ein Indiz dafür, dass es sich hier nicht bloß um eine neue Variante kapitalistischer Ausbeutung handelt, sondern dass mehr auf dem Spiel steht, sind die mit dem Thema einhergehenden Streitigkeiten. Sie machen sich in der Regel nämlich nicht an der Höhe des Preises fest, sondern an der Frage, wer einen »Anspruch« auf die Kinder hat: Muss die Schwangere ein möglicherweise behindertes Kind abtreiben, wenn die Auftraggeber*innen das so wollen? Dürfen diese der Gebärenden untersagen, das Kind nach der Geburt an die Brust zu nehmen, um jegliche Bindung von vornherein zu vermeiden? Ein australisches Ehepaar, das eine 21-jährige Thailänderin dafür bezahlt hatte, ein Zwillingspaar auszutragen, ließ eines der Kinder, das mit Down-Syndrom geboren wurde, zurück – buchstäblich wie eine defekte Ware.[23] Ein US-Amerikaner wollte die von ihm bezahlte schwangere Frau zwingen, einen ihrer (oder wie er meinte: seiner) Drillings-Embryonen abzutreiben, weil er maximal zwei Kinder wollte.[24] Ein Japaner hat gleich 16 Babys von verschiedenen thailändischen Frauen austragen lassen mit der Begründung, er wolle eben eine große Familie, und als mehrfacher Millionär könne er sich das leisten.[25]

Solche Fälle werden in der Presse zwar gerne skandalisiert, in der Regel stellt sich die öffentliche Meinung im Westen aber auf die Seite der Auftraggeber*innen. »Leihmutter verweigert die Ausreise – zwei Väter kämpfen um ihr Kind«,[26] titelte etwa die Süddeutsche Zeitung bei einem Sorgerechtskonflikt zwischen einem amerikanisch-spanischen Paar und ihrer thailändischen Leihmutter, und schon die Überschrift lässt keinen Zweifel daran, um wessen Kind es sich hier nach Ansicht der Zeitung handelt.

Meist wird dabei so argumentiert, dass die Schwangere ja nicht biologisch mit dem Kind verwandt sei. Neben der alten aristotelischen Metapher vom männlichen Samen, der in eine Gebärmutter eingepflanzt wird, kommt heute zuweilen auch das Bild von der Soft- und Hardware zum Zuge: Das »eigentliche Programm« für das Kind entstammt demnach den Genen, während der Körper der Schwangeren nur ausführt, was in diesem Programm angelegt ist. Siri Hustvedt weist in diesem Zusammenhang auf die problematische Rolle populärwissenschaftlicher Bestseller-Autoren wie Richard Dawkins (»Das egoistische Gen«) oder Steven Pinker (»Das unbeschriebene Blatt«) hin, die mit vereinfachenden und teilweise falschen Narrativen dazu beigetragen haben, dass genetische Faktoren völlig überschätzt werden.

Auch die Medien haben diese simplen Analogien lange verbreitet. Dabei hat schon Anfang der 1950er Jahre die Genetikerin Barbara McClintock nachgewiesen, dass das Genom kein statischer Code ist, der sich bei der Entwicklung eines Embryos quasi automatisch »abwickelt«. Ihre Forschungen wurden anfangs nicht ernst genommen, später hat sie jedoch einen Nobelpreis dafür bekommen, und inzwischen ist es in der wissenschaftlichen Community weitgehend unumstritten, dass Gene auf sehr komplexe und vielfältige Weise mit anderen Faktoren interagieren. Wie auf dem Feld der Epigenetik erforscht wird, werden Gene permanent von äußeren Faktoren beeinflusst und auch verändert.[27] Aber die falschen Metaphern haben ganze Arbeit geleistet: Viele Menschen stellen sich die Entstehung eines Babys tatsächlich so vor, als würde es sich einfach entsprechend den genetischen Informationen entfalten, die in Eizelle und Sperma angelegt sind.

Die Tragemutter ist jedoch ebenfalls mit dem Kind biologisch verwandt.[28] Die Plazenta, also jenes Organ, das sich während der Schwangerschaft an der Gebärmutterwand entwickelt und den Austausch von Körperflüssigkeit zwischen Schwangerer und Embryo ermöglicht, funktioniert nicht so, dass sie die beiden Körper fein säuberlich voneinander trennt. Vielmehr wandern Zellen des Embryos über die Plazenta in den Organismus der Schwangeren und bleiben dort dauerhaft vorhanden. Sie werden später sogar auf andere Kinder übertragen, die dieselbe Frau austrägt. Das heißt, ein Kind ist »biologisch« nicht nur mit seinen genetischen Eltern und seiner Tragemutter verwandt, sondern auch mit allen anderen Kindern, die diese Tragemutter zur Welt bringt.[29]

Überhaupt ist die Plazenta ein sehr interessantes Organ. Es entwickelt sich nur bei Schwangeren und wird wieder aus dem Körper ausgestoßen, sobald es seine Funktion erfüllt hat – ein »bizarrer Kreislauf von Schöpfung und Zerstörung«, wie Aarathi Prasad schreibt.[30] In vielen Kulturen gibt es für den Umgang mit der Plazenta feste Riten. Hierzulande herrscht diesbezüglich eher ein wildes Sammelsurium. Wenn man zu dem Thema das Internet durchstöbert, stößt man auf alle möglichen Praktiken: Die einen verarbeiten die Plazenta zu homöopathischen Globuli oder vergraben sie im Garten und pflanzen ein

Bäumchen darauf, andere legen sie erstmal in die Tiefkühltruhe, um später zu überlegen, was sie damit tun wollen. Viele Krankenhäuser werfen sie auch einfach weg oder spenden sie zu Forschungszwecken an Pharmakonzerne.

Festzuhalten ist jedenfalls, dass Kinder, die mit einer fremden Eizellenspende gezeugt wurden, nicht zwei, sondern drei biologische Eltern haben: Eizellenspenderin, Samenspender und Gebärerin. Alle drei sind körperlich mit dem Kind verwandt, die beiden Zeugenden durch ihre Gene, die Gebärerin durch die Tatsache, dass der Embryo monatelang ein Teil ihres Körpers war. Damit stellt sich aber eine Frage, die bisher noch kaum diskutiert wird: Haben Kinder nicht auch ein Recht auf Kenntnis der Frau, von der sie zur Welt gebracht wurden? Darf man Kindern vorenthalten, zu wissen, wer sie am Anfang ihres Lebens neun Monate im eigenen Körper herumgetragen und dann geboren hat? Wenn wir davon ausgehen, dass Menschen ein Recht auf Kenntnis der eigenen biologischen Abstammung haben, dann kann sich das nicht nur auf den Samenspender und die Eizellenspenderin beschränken, sondern muss genauso das Recht auf Kenntnis der eigenen »Gebär-Mutter« umfassen.

Die Behauptung, zwischen einer schwangeren Frau und ihrem Kind bestünde keine biologische Verwandtschaft, beschreibt nicht die Realität, sondern hat die Funktion, soziale Verhältnisse zu legitimieren: Die genetische Verwandtschaft soll legale Ansprüche auf ein Kind rechtfertigen. Kommerzielle und staatlich regulierte Leihmutterschaft kann nur als legitim erscheinen, wenn man einer Gebärerin keine eigene Bindung an das Kind zuspricht. Die Definition von »wirklicher« Elternschaft als genetische Verbindung legitimiert die Behauptung, dass ein Embryo für sich genommen gar nichts mit der Schwangeren zu tun habe (sein genetischer »Code« stammt ja von anderen Menschen), sondern sich lediglich eine Weile in ihr aufhält. Nur so ist erklärlich, dass es nicht als Menschenhandel aufgefasst wird, wenn eine Frau ein von ihr geborenes Kind anderen Menschen gegen Bezahlung übergibt. Eine »Leihmutter« kann ihr Kind gar nicht verkaufen, weil dieses Kind nämlich niemals ihr »eigenes« war: Es gehörte von Anfang an den Auftraggeber*innen – die Gene dienen dafür als Beweis.

Die Regisseurin Jane Campion hat in der Miniserie »Top of The Lake – China Girl« diesen Konflikt anschaulich und gleichzeitig einfühlsam inszeniert vor dem Hintergrund, dass in Australien bezahlte Schwangerschaften illegal sind. Die auftraggebenden reichen *weißen* Paare finden sich deshalb plötzlich in einer ungewohnten sozialen Abhängigkeit von ihren unterprivilegierten, armen, thailändischen Tragemüttern wieder: Sie sind darauf angewiesen, dass diese ihnen die Babys nach der Geburt auch wirklich aushändigen. In anderen Ländern ist das anders. Dort sorgt der Staat dafür, dass die Kinder ihnen nach der Geburt zugeführt werden.

Die Stärkung der genetischen Vaterschaft entwickelte sich parallel zur Auflösung der monogamen, lebenslangen Ehe, und in gewisser Weise kann man sagen, dass hier eine Form juristisch beglaubigter Vaterschaft durch eine andere ersetzt wurde. Noch Ende des 19. Jahrhunderts galt das verwendete Sperma als eher nebensächlich. Im Jahr 1884 befruchtete Professor William Pancoast, der am Jefferson Medical College in Philadelphia Methoden der Insemination erforschte, eine Patientin einfach mit dem Samen eines seiner Studenten – ohne ihr Wissen.[31] Hinterher informierte er zwar den Ehemann (dessen Sperma die Ursache der Unfruchtbarkeit des Paares gewesen war), aber die beiden beschlossen, weder der Frau noch dem Kind etwas davon zu sagen. Offensichtlich hingen sie noch der Idee des Römischen Rechts an, wonach der entscheidende Faktor für eine Vaterschaft nicht das Sperma ist, sondern der Ehestatus.

Heute hingegen garantiert die genetische Abstammung Samenspendern den Status des Vaters, auch ohne dass sie mit der Frau, die das Kind geboren hat, verheiratet sein müssen. Die genetische Vaterschaft muss allerdings immer noch in die zweite

Reihe zurücktreten, wenn sie mit einer ehelichen Vaterschaft in Konflikt geraten würde. Im Juli 2018 hat der Europäische Gerichtshof geurteilt, dass der Ex-Liebhaber einer verheirateten Frau kein Recht darauf hat, zu erfahren, ob er der Vater ihres Kindes ist.[32] Männer können sich also auf die Genetik berufen, wenn sie ihren väterlichen Status gegenüber einer Frau einklagen, die alleine oder mit einer anderen Frau zusammenlebt. Sobald aber ein »richtiger Vater« existiert, haben dessen Ansprüche Vorrang vor den Genen des Samengebers.

Die Ansicht, dass Schwangersein und Gebären keine relevante Beziehung zwischen Schwangerer und Kind konstituieren würden, ist inzwischen so verbreitet, dass sie das allgemeine Rechtsempfinden dominiert. Länder wie Deutschland, die an einem Verbot der organisierten Leihmutterschaft festhalten, geraten zunehmend in Legitimationsschwierigkeiten und wirken rückständig. In konkreten Fällen ist die Rechtsprechung inzwischen dazu übergegangen, deutschen Auftragseltern die Adoption von Kindern, die Leihmütter im Ausland zur Welt gebracht haben, zu erlauben.[33]

In den USA, wo bezahlte Schwangerschaften in einigen Bundesstaaten erlaubt, in anderen verboten sind, hat sich inzwischen das Narrativ der gesunden, kräftigen Frau etabliert, die in einer Mischung aus Altruismus und Stolz auf die eigene Fähigkeit, schwanger zu werden, für andere, weniger vom Glück gesegnete Menschen deren Kinder austrägt. In den vergangenen Jahren gab es zahlreiche Fälle von Prominenten, die die Dienste einer Tragemutter in Anspruch genommen haben und sich anschließend überschwänglich dafür bedankten, so wie Robbie Williams und Ayda Field im September 2018.[34] Die meisten lassen es im Vagen, warum sie diesen Weg wählen, ob aus medizinischer Notwendigkeit oder aus Lifestyle-Gründen, nie aber fehlt der überschwängliche Dank an die Tragemutter, wenn Prominente die Ankunft eines Kindes per »Surrogate« öffentlich bekannt geben. Die Auskunft über die Höhe der »Kompensation« für diesen Altruismus ist aber trotzdem immer nur einen Klick entfernt. Bei der Pacific Surrogacy and Egg Donation Inc. etwa können Tragemütter mit 35.000 bis 60.000 USD rechnen, Eizellenproduzentinnen mit 7000 bis 10.000 USD.[35] Leihmütter in Ländern des globalen Südens bekommen deutlich weniger Geld, in Indien zum Beispiel weniger als 5000 USD für eine Schwangerschaft.

Noch vor zehn, fünfzehn Jahren sind Leihmutterschaften in den USA kontrovers und kritisch diskutiert worden. Bekannt geworden ist ein Artikel von Sora Song in der Time,[36] in dem sie 2004 behauptete, reiche Frauen würde die Lasten der Schwangerschaft gegen Geld auf arme Frauen abwälzen, weil sie selbst »too posh to push« seien, also zu fein, um zu »pressen«. Heute ist hingegen manchmal schon von einem »Recht auf Fortpflanzung« die Rede, womit gemeint ist, dass es nicht nur ein Recht auf In-vitro-Fertilisation geben sollte, sondern auch eines auf die Dienstleistung einer bezahlten Schwangerschaft. Propagiert wird das vor allem von der Reproduktionsindustrie, aber bei der Legitimierung spielen schwule Männer mit Kinderwunsch eine besondere Rolle. Da sie selbst nicht schwanger werden können, kann ihnen auch nicht der Vorwurf gemacht werden, sie wollten das Gebären egoistischerweise an weniger privilegierte Frauen »outsourcen«.

Die Ablehnung von Leihmutterschaft bekommt allerdings durch dieses Narrativ schon fast in den Ruf, homophob zu sein, was umso plausibler erscheint, als viele von denen, die Reproduktionstechnologien ablehnen, tatsächlich homophob sind. Im Juli 2018 berichtete die Jerusalem Post über das Vorhaben der israelischen Regierung, alleinstehenden Frauen einen legalen Zugang zu bezahlten Schwangerschaften zu ermöglichen, schwulen Paaren aber, auf Drängen des Orthodoxen Rabbinats, nicht. Ein Mann mit Kinderwunsch wird dazu mit den Worten zitiert: »Ich habe nichts gegen das Rabbinat oder gegen die Religiösen – ich wünsche mir nur ein bisschen Menschlichkeit.«[37]

Ist es also »unmenschlich« gegenüber Menschen ohne Uterus, Leihmutterschaft zu verbieten? Selbstverständlich ist es Diskriminierung, wenn Leihmutterschaft bestimmten Wunscheltern aufgrund ihres Geschlechtes oder ihrer Lebensform vorenthalten wird. Den Zugang zu bezahlten Schwangerschaften aber als einen Anspruch darzustellen, dessen Verweigerung praktisch einem Eingriff in die Menschenwürde gleichkommt, ist trotzdem falsch. Ein Recht auf Fortpflanzung kann es so wenig geben wie ein Recht auf drei Beine. Es ist nun einmal so, dass die Hälfte der Menschheit keine Gebärmutter hat und also keine Kinder gebären kann. Wenn solche Menschen Kinder wollen, müssen sie dafür in irgendeiner Weise in Beziehung treten zu Menschen, die eine Gebärmutter haben. Nicht schwanger werden zu können ist ein normaler Zustand bei Menschen, keine Ungerechtigkeit und keine Diskriminierung, die die Gesellschaft ausgleichen müsste.

Brauchen wir also mehr Reproduktionstechnologie? Oder brauchen wir nicht eher mehr und vielfältigere Familienformen? Hier gibt es noch viel Diskussionsbedarf, und einfach sind die Antworten nicht. Was dabei aber auf jeden Fall notwendig wäre, ist ein Bewusstsein dafür, dass die reproduktive Differenz zwischen Menschen Regelungen erfordert, die die Freiheit und Selbstbestimmung von Menschen, die schwanger werden können, achten.

Schwangere Männer und andere Neuigkeiten

»An jenem Sommertag wurde Joachim in einer Uniklinik der Penis abgenommen. An seiner Stelle formten die Ärzte eine Neovagina. Joachims Körper wurde zu dem einer Frau«, stand kürzlich in einer Zeitungsnotiz.[38] Das Durcheinander in der Zuordnung von Körper und Geschlecht, das hier zum Ausdruck kommt, ist interessant: Wird ein Körper »der einer Frau« schon dadurch, dass man ihm den Penis amputiert und eine Vagina nachbildet? Und kann jemand, der »Joachim« heißt und offenbar männlich ist, überhaupt einen »weiblichen« Körper haben?

An der Entwicklung von Begrifflichkeiten rund um Operationen im Zusammenhang mit Trans-Identitäten lässt sich nachvollziehen, wie sich die Verbindung von Körper und Geschlecht in der Debatte sukzessive verändert hat. Ursprünglich sprach man von »Geschlechtsumwandlungen«, war also der Ansicht, dass es ein von der Biologie bestimmtes Geschlecht gäbe, das jedoch durch eine Operation »umgewandelt« werden könne: Ein Mensch wird mit Penis geboren, also als »biologischer Mann«, und die Amputation des Penis plus genitale Umgestaltung bedeutet, dass er »zur Frau wird«, weil die Genitalien dann wie eine Vulva aussehen. Diese Sichtweise ist aber auf sehr vielen Ebenen unlogisch, zumal eine solche »Umwandlung« ja immer nur kosmetischer Natur sein kann. Das reproduktive Geschlecht lässt sich nicht ändern, jedenfalls bisher nicht.

Später setzte sich daher auch eine andere Auffassung durch, nämlich dass das Geschlecht eines Menschen von Geburt an feststehe, die Genitalien von trans Personen aber diesbezüglich irreführende Signale aussenden. Deshalb sprach man von »geschlechtsangleichenden Operationen«, was deutlich machen sollte, dass das Geschlecht selbst nicht geändert wird, sondern lediglich die Geschlechtsmerkmale, nämlich die Genitalien, »korrigiert« werden.

Heute wird nun zunehmend die Auffassung vertreten, dass nicht die Genitalien bei trans Personen falsch sind, sondern ihre Körper bloß von der Gesellschaft falsch interpretiert werden: »I'm not a ›girl in a boy's body‹. I am a girl. This is my body. Girls have all kinds of bodies.«[39] Ein Penis kann demnach genauso gut ein weibliches wie ein männliches Genital sein, und deshalb ist es gar nicht notwendig, eine Operation vorzunehmen. Eine trans Frau ist eine Frau, ganz unabhängig davon, wie ihr Körper aussieht. Wenn Menschen sich Brüste oder Penis operativ entfernen lassen oder Hormone wie Testosteron oder Antiandrogene nehmen, damit die Stimme tiefer oder höher wird oder die Körperbehaarung mehr oder weniger stark, dann tun sie das lediglich zur Erweiterung der eigenen körperlichen Möglichkeiten oder des Wohlbefindens, aber nicht, um ihre geschlechtliche Identität zu ändern. »Keine Eigenschaft der Welt ist weiblich oder männlich. Auch keine anatomische«,[40] wie Hengameh Yaghoobifarah sagt.

In Bezug auf das Schwangerwerdenkönnen ist diese Entwicklung deshalb interessant, weil sie das Phänomen der schwangeren Männer hervorgebracht hat. Solange man bei trans Identitäten von »Geschlechtsumwandlungen« oder »Geschlechtsangleichungen« ausging, blieb ja die *grundsätzliche* Zuordnung von reproduktiver Fähigkeit und Geschlechtsidentität unangetastet. Dass Frauen (möglicherweise) schwanger werden können oder Körper haben, deren äußerliche Merkmale auf einen Uterus hinweisen, und Männer umgekehrt Körper, die sichtbar machen, dass sie nicht schwanger werden können, blieb unbestritten, es gab eben nur Menschen, bei denen das nicht von Geburt an so war. Diese griffen dann auf medizinische Techniken zurück, die ihre Körper entsprechend »korrigierten«.

Wenn aber jeder Körper, egal wie er aussieht (und egal wie seine reproduktive Funktion ist) ebenso gut männlich wie weiblich sein kann, ergibt diese Zuordnung keinen Sinn mehr. Dann entsteht auch in reproduktiver Hinsicht ein symbolisches Durcheinander. Früher konnte es »schwangere Männer« per Definition nicht geben, vielmehr nannte man Männer so, die während der Schwangerschaft ihrer Lebenspartnerin ähnliche körperliche Symptome durchleben wie sie und zum Beispiel einige Kilo zunehmen. Heute sind schwangere Männer tatsächlich das, was der Name besagt: Männer, die schwanger sind. Ein Mensch mit Gebärmutter, Eierstöcken und Vagina kann ein Mann sein und trotzdem ein Kind gebären. Der erste Fall dieser Art ging 2008 durch die Medien, als der US-Amerikaner Thomas Beatie seine Schwangerschaft öffentlich kommunizierte.

In Deutschland wäre das zu dieser Zeit noch nicht möglich gewesen, jedenfalls nicht formal, denn das Bundesverfassungsgericht entschied erst im Januar 2011, dass trans Männer sich nicht sterilisieren lassen müssen, bevor sie offiziell als männlich anerkannt werden können. Seither kann es auch hierzulande schwangere Männer geben. Trotzdem gelten sie nach deutschem Recht später immer noch als »Mütter« ihrer Kinder, nicht als Väter – so hat es der Bundesgerichtshof in einem viel diskutierten Urteil vom September 2017 entschieden. Der Fall betraf Oscar Miller, der seit 2011 auch rechtlich ein Mann war. Er sollte sich aber, nachdem er ein Kind geboren hatte, als »Mutter« in das Geburtsregister eintragen, denn es gibt einen Satz im Bürgerlichen Gesetzbuch, der da lautet: »Mutter eines Kindes ist die Frau, die es geboren hat«[41] – eine offensichtliche Adaption des römischen »Mater semper certa est«. Viele Aktivist*innen haben sich über dieses Urteil empört, weil sie darin eine Missachtung der geschlechtlichen Identität Oscar Millers sehen: Er werde fälschlicherweise als weiblich registriert. Und tatsächlich wurde Oscar Miller ins Geburtsregister nicht nur als »Mutter« eingetragen, sondern das auch noch unter seinem früheren Vornamen »Barbara«.

Aber was, wenn er als »Oscar Miller« eingetragen würde, als männliche Mutter also? Der fragliche Satz aus dem Bürgerlichen Gesetzbuch – »Mutter eines Kindes ist die Frau, die es geboren hat« – setzt ja eine Prämisse als selbstverständlich voraus, die faktisch heute bereits nicht mehr zutrifft, nämlich dass die Person, die ein Kind zur Welt bringt, immer eine Frau ist. Oscar Miller war zum Zeitpunkt der Geburt seines Kindes ein Mann, und zwar nicht bloß nach Selbstauskunft, sondern auch formal rechtlich. Es ist also absehbar, dass der betreffende Satz im Gesetzestext früher oder später umformuliert werden muss. Und das wäre ganz leicht auf kohärente Weise möglich, indem man formulierte: »Mutter eines Kindes ist die Person, die es geboren hat.« Mit »Mutter« wäre dann die reproduktive Funktion bezeichnet, mit einem Kind schwanger gewesen zu sein und es geboren zu haben, unabhängig vom Geschlecht.

Eigentlich wäre dies eine folgerichtige Weiterentwicklung der Trennung von Biologie und Geschlecht. Noch besser wäre freilich eine Formulierung wie: »Mutter eines Kindes ist die Person, die es geboren hat, oder ein von ihr bestimmter Ersatz.« Denn so würde man sowohl der körperlichen als auch der sozialen Bedeutung dieser besonderen Beziehung gerecht werden. Verantwortung und Freiheit von Personen, die schwanger werden können, würden auf diese Weise respektiert. Allerdings ist diese Lösung politisch unwahrscheinlich. Denn an diesem Punkt sind sich konservative Anhänger einer »natürlichen Geschlechtlichkeit« und die meisten Queeraktivist*innen einig: Unter »Mutter« verstehen sie ausschließlich weibliche Personen, wohingegen männliche Elternteile auf jeden Fall »Vater« genannt werden müssen. Auf einen Artikel im Sommer 2016, in dem ich vorgeschlagen habe, für Männer, die Kinder geboren haben, andere Begriffe zu suchen als die Bezeichnung »Vater«, bekam ich viele kritische Zuschriften, die darauf bestanden, dass dies die einzig legitime Bezeichnung sei.[42] Mein Einwand, dass der Begriff »Vater« patriarchal besetzt und daher für eine freiheitliche Familienpolitik unbrauchbar ist, konnte nicht überzeugen.

Anders sehen es jedoch manche Kinder, zum Beispiel Fritzi, die Tochter des Buchautors Jochen König, die ihn aufgrund seines Verhaltens ihr gegenüber (das dem der Mütter anderer Kinder vergleichbar war) ebenfalls zeitweise »Mutter« genannt hat – obwohl sie genau wusste, dass er ein Mann ist.[43] »Mutterschaft« ist ebenso wie »Vaterschaft« eine soziale Rolle, ein Beziehungsverhältnis, keine Geschlechtsbezeichnung. Doch aufgrund der historisch so engen kulturellen Verbindung dieser Rollen mit Weiblichkeit beziehungsweise Männlichkeit lässt sich das gegenwärtig kaum politisch vermitteln.

Man könnte das Ganze als Streit um Begrifflichkeiten abtun, aber das Problem dabei ist, dass »Mutterschaft« und »Vaterschaft« historisch ganz unterschiedliche Beziehungsformen beschreiben. Zwar gingen sie auch mit einer geschlechtlichen Zuordnung einher: Mütter waren Frauen, Väter waren Männer. Aber die Unterschiede zwischen Müttern und Vätern gingen doch viel weiter. Die Frage, welche *Qualität* Beziehungen zwischen Erwachsenen und Kindern haben sollten, ist unabhängig vom Geschlecht der beteiligten Personen. In einer taz-Kolumne war vor einiger Zeit über ein Kinderlied zu lesen, das die »mütterliche« Beziehungsqualität sehr hübsch, wenn auch etwas altbacken umschreibt. Der Text lautet: »Danke, dass du mich früh weckst / sonntags mit uns Kuchen bäckst / Auch fürs Stullen schmier'n und Puppen reparieren / Weißt du, wer mich morgens kämmt / Und hilft, wenn die Hose klemmt / Wer hält die Zimmer rein / das kann nur Mami sein. / Ist die Schule endlich aus / Riecht es gut bei uns zu Haus / Auch bei den Schularbeiten / Hilfst du uns beizeiten / Wenn du mich ins Bettchen bringst / Streichelnd ein

Gut-Nacht-Lied singst …«[44] Diese Reime bringen die Bedürfnisse eines kleinen Menschen, der sich noch nicht selbst versorgen kann, gut auf den Punkt. Es kann gar nicht genug Menschen geben, die sich in diesem Sinne als »Mami« erweisen.

Aber dem Autor der taz gefiel der Liedtext überhaupt nicht. Was hier über Mütter gesagt wird, schrieb er empört, das sei ja wohl »ein legitimer Grund, um die eigenen Kinder zur Adoption freizugeben«. Er interpretiert das Lied also als rückwärtsgewandte Beschreibung eines Geschlechterstereotyps, als Rollenanweisung für Frauen. Der Text kann aber auch anders interpretiert werden, und zwar als Beschreibung einer sozialen Notwendigkeit: Jedes Kind braucht eine Person, die ihm Stullen schmiert, Puppen repariert, hilft, wenn die Hose klemmt. Jedes Kind braucht eine Person, die sich für es zuständig fühlt, die hundertprozentig die Verantwortung dafür übernimmt, dass dieses kleine Wesen versorgt wird und wachsen kann. Selbstverständlich muss das nicht die Person sein, die das Kind geboren hat, und selbstverständlich können sich mehrere Personen diese Aufgaben teilen. Und selbstverständlich kann diese Person auch ein Mann sein. Aber eine »Mutter« ist nicht einfach ein weibliches Elternteil, und auf gar keinen Fall ist sie ein Pendant zum Vater, sondern eine Person, die sich bedingungslos für ein Kind verantwortlich fühlt. Und jedes Kind braucht eine Mutter in diesem Sinn. Oder zwei oder drei. Einen »Vater« im traditionellen patriarchalen Sinn braucht aber niemand.

Die Auflösung der klassischen heteronormativen Ordnung bringt die Notwendigkeit mit sich, neue und freiheitliche Formen von Beziehungen zwischen Erwachsenen und Kindern zu finden. Das kann sich nicht in einer Kritik an der bisherigen Ordnung erschöpfen. Wenn Familie und Schwangerwerdenkönnen nicht mehr in eins fallen, welche neuen Strukturen finden wir? Diese Fragen werden bislang selten gestellt und diskutiert. Es scheint die Angst zu herrschen, dass eine freiheitliche Regelung von Geschlechterbeziehungen untergraben werden könnte, sobald die körperlichen und biologischen Unterschiede im Verhältnis zwischen Erwachsenen und Kindern thematisiert werden. »Egal wie ein Baby auf die Welt kommt, die Geburt ist eine ziemlich aufregende Sache für das Baby. Sie ist auch eine ziemlich aufregende Sache für die Menschen, die auf das Baby gewartet und gewartet und gewartet haben«, heißt es etwa in dem Kinderbuch »Wie entsteht ein Baby?«[45] Aber wer monatelang schwanger ist und dann ein Kind gebiert, »wartet« nicht einfach nur. Eine Schwangere kann nicht in einer homogenen Masse mit allen Menschen untergehen, die irgendwie auf die Geburt eines Babys »warten«.

Eine ähnliche Leerstelle gibt es auch in den ausführlichen Interviews, die Yv Nay mit lesbischen Elternpaaren geführt hat. Man erfährt darin praktisch alles über die Beteiligten, aber die Frage, wer von den beiden denn nun schwanger war, wird entweder nur in einem Nebensatz kurz erwähnt oder gar nicht beantwortet. Als wäre es völlig egal, welche schwanger ist und welche nicht. Dieses sorgfältige Ignorieren des Elefanten im Raum ist ein wesentliches Hindernis für viele gegenwärtige geschlechter- und familienpolitische Debatten. Die Frage, wer schwanger wird und wer nicht, ist nichts Unbedeutendes. Sicher, man kann auch darüber nachdenken, wer auf ein Baby »gewartet« hat und wer nicht. Ob jemand auf ein Kind wartet oder nicht, könnte sich zum Beispiel daran zeigen, ob jemand die Schwangere in den Monaten vor der Geburt unterstützt, sich bereit erklärt, für das Kind zu sorgen und für sein Wohlergehen Verantwortung zu übernehmen. Aber dass Schwangerschaft und Geburt deshalb ignoriert, unsichtbar gemacht und für bedeutungslos erklärt werden, ist der Realität nicht angemessen.

Zumal gerade gegenüber Schwangeren gesellschaftliche Ansprüche und Normen besonders vehement vorgetragen werden. »Ich würde gern noch viel mehr Kinder in die Welt begleiten und ihnen beim Raum-Einnehmen und Größer-Werden zusehen … aber ich möchte nie wieder und unter keinen Umständen in diese biologistische Backlash-Hölle zurück, in deren Richtung ich in meinem schwangeren Körper geschubst wurde und die ich noch nicht lange wieder verlassen habe«,[46] formuliert es ein Text in der Zeitschrift Queerulantin. Die Erfahrung des Schwangerseins von gesellschaftlichen Ansprüchen und Zumutungen zu befreien ist ein altes Anliegen des Feminismus. Doch wie darüber sprechen, wenn man die Begrifflichkeiten selbst als problematisch erkannt hat?

Die reproduktive Differenz prägt das Leben von Menschen, und sie muss daher auch politisch bearbeitet werden, man muss sie benennen können. Als ich diese Seiten schrieb, kam ein Freund in mein Arbeitszimmer und fragte, was ich mache. Auf die Antwort »Ich schreibe ein Buch über das Schwangerwerdenkönnen« schaute er mich mit großem Erstaunen an und sagte: »Schwanger werden können? Da habe ich noch nie drüber nachgedacht.« Ja, warum auch. Er kann es ja nicht. Menschen mit Gebärmutter *müssen* aber darüber nachdenken. Denn sie müssen sich aktiv entscheiden, ob sie diese Möglichkeit, die in ihren Körpern angelegt ist, realisieren wollen oder nicht. Und man darf nicht glauben, dass das Thema nach dem 50. Geburtstag erledigt wäre. Ein Leben lang bleibt man diese Person, die vielleicht einmal hätte schwanger werden können, es aber nicht geworden ist. Oder eben anders herum die Person, die Kinder zur Welt gebracht hat, obwohl sie nicht gemusst hätte.

Bei der Entscheidung, schwanger zu werden oder nicht, geht es notwendigerweise um mehr als um die Wahl eines persönlichen, individuellen Lebensweges. Nie ist offensichtlicher, dass das Private politisch ist und das Politische privat. Unter dem Titel »Trans*parent« schreibt eine Person: »tja und dann bin ich jetzt seit etwa einem jahr elternteil. Der teil der eltern, der das kind ›zur welt gebracht‹ hat – eine eher verniedlichende beschreibung für die arbeit und die schmerzen, die ich erlebt habe. andere würden ›mama‹ sagen, aber ich nenne mich bei meinem namen.«[47]

Ich gebe zu, dass nicht nur der Begriff »Vater« problematisch ist. Auch die Worte Mama oder Mutter sind »verbrauchte Worte«[48], und ich verstehe die Zurückhaltung, sich so zu nennen. Das Frausein wurde in unserer Kultur bis zur Unkenntlichkeit »mutterisiert«, Mutterschaft soll das Wesen aller Frauen sein, unter Verweis auf das Muttertum wurde die Freiheit aller Menschen untergraben, die schwanger werden können oder die als Frauen kategorisiert wurden, und erst recht wurde die Freiheit derjenigen untergraben, die tatsächlich schwanger wurden. Ich kann Befürchtungen verstehen, dass Menschen, die sich von traditionellen Geschlechterstereotypen bereits befreit hatten, zusammen mit dem Begriff »Mutter« erneut mit biologistischen Geschlechternormen konfrontiert werden, von denen sich der nichtschwangere Körper in seiner Emanzipation fast schon gelöst hatte.

Allerdings steckt auch in der reflexhaften Ablehnung von allem, was mit Mütterlichkeit zu tun hat, ein gutes Stück patriarchale Indoktrination. Die patriarchale symbolische Ordnung hat Mutterschaft einerseits idealisiert und auf einen Sockel gehoben, dabei aber gleichzeitig entpolitisiert und entrechtet. Die notwendige Auseinandersetzung mit Müttern und mit Mütterlichkeit wurde so verhindert, verkitscht und auf einen Pro-und-Contra-Schaukampf reduziert. Jedenfalls ist es keine Lösung, anstelle des Redens von der Mutter jene Menschen, die geboren haben, lediglich mit ihren individuellen Namen anzusprechen. Denn das macht die spezielle Erfahrung des Geborenhabens eben unsichtbar, und damit auch diese spezielle Kategorie menschlicher Bezogenheit, die sich in dem »Nicht eins, nicht zwei« des Schwangerseins äußert.

Um die biologische Differenz zwischen Menschen, die schwanger werden können, und solchen, die es nicht können, zurück in den Diskurs zu holen, brauchen wir Begriffe, die uns helfen, zwischen verschiedenen Weisen, in denen Erwachsene und Kinder zueinander in Beziehung stehen und kommen, zu unterscheiden. Es gibt, wie in diesem Essay hoffentlich deutlich geworden ist, gute Gründe, die reproduktive Differenz und die Geschlechterdifferenz getrennt voneinander zu betrachten und sich bewusst zu machen, dass beides zwar zusammenhängt, aber nicht deckungsgleich ist. Gleichzeitig aber ist anzuerkennen, dass die reproduktive Differenz existiert und für feministische Diskurse eine Rolle spielen muss. Es ist nicht prinzipiell problematisch, biologische Unterschiede wahrzunehmen und sie bei politischen Debatten zu berücksichtigen. Das Problem ist, dass das heute häufig als Schlagabtausch zwischen konkurrierenden angeblichen wissenschaftlichen »Fakten« geschieht, vermutlich, weil wir alles »Biologische« automatisch unter »gegeben« subsumieren. Aber Biologie muss interpretiert werden, sie spricht nicht für sich, und damit befinden wir uns wieder im Bereich der Politik.

Wir müssen also die Auseinandersetzung um die Biologie von Geschlecht als politischen Diskurs begreifen. Ja, die Zweigeschlechtlichkeit ist eine Fiktion. Aber alles andere ist eben genauso eine Fiktion. Judith Butlers Warnung, dass man die eigenen Vorstellungen und Ideen in Bezug auf das, was man sich unter Geschlecht vorstellt, nicht mit »Weil es so eben ist« begründen kann, gilt nicht nur für jene, die ein binäres Modell von zwei Geschlechtern propagieren, sie gilt genauso für alle, die ein beliebiges anderes Modell bevorzugen. Nichts im Bereich von Genderdiskursen ist wahr oder falsch, sondern es geht beim Sprechen über Geschlecht(er) darum, was wir *wollen*, was wir als sinnvoll erachten für das gute Leben aller.

Antoinette Fouque beschreibt die »Gestation[49] als Generierung, als Geste, als Führung und innere Erfahrung, Erfahrung des Intimen, aber auch als Generosität, Genie der Spezies, Akzeptieren eines fremden Körpers, fleischliche Gastlichkeit, Offenheit, Wille zu einer re-generierenden Verpflanzung; die integrierende, a-konfliktuelle, postambivalente Gestation der Differenzen, ein anthropokulturelles Modell, eine Matrix der Universalität der menschlichen Spezies, Prinzip und Ursprung der Ethik; die Gestation als fleischliche und geistige Konzeption/Empfängnis des anderen, der immer schon Subjekt ist, und nicht die Genesis, diese autistische Fabel …; die Gestation, Transformation im Präsens auf ein reales, nicht-utopisches Futurum hin; die Gestation, lebendige Aufmerksamkeit und heteronome Erfahrung, die imstande ist, im Selbst Raum für das Nicht-Selbst zu schaffen; die Gestation, Verheißung des kommenden Wesens; die Gestation schließlich auch noch als Paradigma des ›den Nahen/Nächsten denken‹, Paradigma der Ethik und der Demokratie.«[50]

Es ist an der Zeit, das Schwangerwerdenkönnen als Basis menschlicher Bedingtheit zu verstehen, die nicht länger als weibliche Besonderheit aus dem, was uns Menschen angeht, ausgeschlossen bleibt, sondern als Grundlage des Menschseins anerkannt wird. Als Grundlage unser aller Menschseins, egal welchem Geschlecht wir persönlich angehören mögen.

Anmerkungen

Einleitung

1 Simone de Beauvoir (1949) Das andere Geschlecht. S. 25.

2 Shulamith Firestone (1974) Frauenbefreiung und Sexuelle Revolution, S. 16.

1 Die Frage stellte Liane von Billerbeck in einem Interview mit Edith Schwab am 31.1.2013, https://www.deutschlandfunkkultur.de/oftmals-ein-krieg-zwischen-den-geschlechtern.954.de.html?dram:article_id=236085

2 Wie Ina Praetorius es in einem Tweet mal formuliert hat: https://twitter.com/InaPraetorius/status/1069493380516904960

3 https://www.stadt-im-ohr.de/touren/wege-nach-queertopia/

4 Siri Hustvedt (2018) Die Illusion der Gewissheit, S. 12

5 Ebd., S. 281.

6 Hannah Arendt (1981) Vita activa, vgl. dazu u.a. Ina Praetorius (2011) Immer wieder Anfang.

7 Jana Ballenthien: »Feministische Schwangerschaftsanekdoten. Rollendiskurse in der Schwangerschaft subjektiv verhandelt« in: Mecklenbrauck/Böckmann (2013) The Mamas and The Papas, S. 48.

8 Vgl. dazu auch den Beitrag von Sonja Eismann: »Was fangen wir nur mit diesen schwangeren Körpern und nervigen Kindern an? Warum es so schwerfällt, queer-feministisch über das Kinderkriegen nachzudenken«, in: Mecklenbrauck/Böckmann (2013), S. 61ff.

9 Nina Straßner: »Raus aus meinem Uterus. Der § 219a und seine Freunde«. https://www.juramama.de/2018/12/14/raus-aus-meinem-uterus-der-219a-und-seine-freunde/

10 https://twitter.com/reihenhausmutti/status/1052591228154449920?s=11

11 Vgl. dazu u.a. Lisa Yashodhara Haller (2018) Elternschaft im Kapitalismus.

12 Das Thema wird in den letzten Jahren zunehmend auch in den Medien aufgegriffen, vgl. z.B. Natascha Holstein: »Dem Kind geht es gut, stell dich nicht so an« in: FAZ, 17.12.2018 (https://www.faz.net/-guw-9hr65?premium). Lesenswert auch das Interview mit der Ärztin Maike Manz: »Das System der Geburtshilfe muss sich ändern«, Zeit-online, 4.2.2019, https://www.zeit.de/hamburg/2019-02/geburtsstationen-geburtshilfe-personalengpass-hebammen-einsparungen-schwangerschaft/komplettansicht

13 Vgl. Ursula Knecht u.a. (2012) ABC des guten Lebens, auch www.abcdesgutenlebens.de.

14 Die politische Diskussion um das Elternsein ist inzwischen schon in vollem Gange, vgl. etwa den von Annika Mecklenbrauck und Lukas Böckmann herausgegebenen Sammelband »The Mamas and the Papas« (2013), unter vielen anderen.

15 Mein Nachdenken über dieses Thema begann 2013 mit einer Blogpost-Reihe dieses Titels: https://antjeschrupp.com/2013/02/18/letz-talk-about-schwangerwerdenkonnen/

Schwangerwerdenkönnen: nur noch eine Nebensache?

1 Statistisches Bundesamt: Kinderlosigkeit, Geburten und Familien. Ergebnisse des Mikrozensus 2016, 26.7.2017, https://www.destatis.de/DE/PresseService/Presse/Pressekonferenzen/2017/Mikrozensus_2017/Pressebroschuere_Mikrozensus_2017.pdf?__blob=publicationFile

2 Vgl. Bettina Gohlke, Joachim Wölfle: »Größenentwicklung und Pubertät bei deutschen Kindern«, Deutsches Ärzteblatt 23/2009. https://www.aerzteblatt.de/archiv/64878/Groessenentwicklung-und-Pubertaet-bei-deutschen-Kindern insb. Abb: https://www.aerzteblatt.de/callback/image.asp?id=29823 Wobei der Zeitpunkt durchaus schwankt und in Ausnahmefällen sehr früh liegen kann. Die jüngste Mutter der Medizingeschichte war Lina Medina aus Peru, die 1939 im Alter von fünf Jahren und sieben Monaten ein Kind geboren hat – die Identität ihres Vergewaltigers ist nie bekannt geworden, vgl. Aarathi Prasad (2012) Like a Virgin, S. 111.

3 Vgl. Statistisches Bundesamt: https://www.destatis.de/DE/Zahlen

Fakten/GesellschaftStaat/Bevoelkerung/Geburten/Tabellen/Geburten MutterAlterBundeslaender.html

4 Vgl. Antje Schrupp: Eine Million Gründe gegen Kinder. In: Zeit-Online, 25.8.2015 (https://www.zeit.de/kultur/2015-08/geburtenrate-schwangerschaft-vereinbarkeit-beruf-familie-10nach8)

5 https://www.southampton.ac.uk/philosophy/research/projects/taking-pregnancy-seriously.page. Ähnlich argumentiert auch Antoinette Fouque, die eine »Gynäkonomie« forderte, also eine theoretische Beschäftigung mit dem schwangeren Körper.

6 Siehe dazu auch meinen Blogpost: »Schwanger werden können? Gibt's nicht« vom 5.10.2013 https://antjeschrupp.com/2013/10/05/schwangerwerdenkonnen-gibts-nicht/.

7 Vgl. https://www.forum.sexualaufklaerung.de/index.php?docid=1029

8 Vgl. https://www.wunderweib.de/schamlippenverkleinerung-warum-frauen-eine-barbie-vagina-wollen-100087.html

9 Darüber, wie der Zusammenhang zwischen Schwangerwerdenkönnen und Geschlecht in anderen Weltkulturen gedacht wurde und wird, weiß ich zu wenig, weshalb die Überlegungen dieses Essays auf den westlich-europäischen Kontext beschränkt bleiben.

10 Shulamith Firestone (1974) a.a.O., S. 17.

11 Antoinette Fouque (2015) There are Two Sexes, S. 8, S. 42.

12 Irene Meichsner: »Vor 50 Jahren: Erstmals Fotos von Embyonen im Life-Magazin«, in: Deutschlandfunk, 30.4.2015.

13 Vgl. auch Barbara Duden (2016) Der Frauenleib als öffentlicher Ort, S. 22ff.

14 Aarathi Prasat (2012) Like A Virgin, S. 193, 226 und passim.

15 Alisa Tretau (2018) Nicht nur Mütter waren schwanger.

16 Trans Personen haben ein anderes Geschlecht als das, dem sie aufgrund des Aussehens ihrer Genitalien bei der Geburt zugeordnet wurden. Zur Schreibweise: Ich verwende, dem Beispiel von Felicia Ewert folgend, das Wort »trans« als Adjektiv, schreibe es also klein und als eigenes Wort, vgl. Felicia Ewert (2018) Trans. Frau. Sein, S. 17ff.

17 Julien: »Weil die Milch so lecker schmeckt« in: Alisa Tretau (2018) Nicht nur Mütter waren schwanger, S. 133.

18 https://www.telegraph.co.uk/news/2017/10/23/call-expectant-mothers-pregnant-people-government-suggests/

19 Kristina Hänel: »Warum spreche ich vom Informationsrecht für

Frauen zum Schwangerschaftsabbruch? Versuch einer Antwort auf die Bitte oder Forderung, ich möge in meiner Wortwahl das Wort Frauen durch den Begriff Menschen mit Uterus ersetzen«. Den Text teilte Kristina Hänel am 1. Februar auf ihrem Twitter-Account, vgl. https://twitter.com/haenel_kh/status/1091253381233029120

20 https://twitter.com/epicLouT/status/1091253943353647104

21 Erica Millar (2017) Happy Abortions, S. 29.

22 Vgl. Joan W. Scott (1997) Only Paradoxes to Offer. French Feminists and the Rights of Man, Harvard University Press.

23 Joke Janssen: »In meinem Namen. Eine trans*/queere Perspektive auf Elternschaft« in: Maya Dolderer u.a. (2016) O Mother, Where Art Thou?, S. 146.

Kleine Biologie des (nicht) Schwangerwerdenkönnens

1 Die historischen Grundlagen dafür untersucht ausführlich Annarosa Buttarelli: »Souveräninnen« in: Diotima (2012) Macht und Politik sind nicht dasselbe, Ulrike Helmer Verlag.

2 Vgl. z.B. Buttarelli, ebd.

3 Zum Beispiel der Interviewer in diesem Gespräch: https://www.migrosmagazin.ch/die-neue-flut-der-geschlechtsidentitaeten

4 Genesis 19, 30 ff.

5 Christina von Braun (2018) Blutsbande, S. 466.

6 Ebd.

7 http://www.spiegel.de/panorama/justiz/usa-wachkomapatientin-bringt-kind-zur-welt-polizei-ermittelt-a-1246583.html

8 http://www.spiegel.de/panorama/justiz/stealthing-heimlich-das-kondom-abgezogen-bundespolizist-in-berlin-verurteilt-a-1244425.html

9 Vgl. Amelie Richter: »Wenn Frauen ihre Schwangerschaft nicht bemerken«, Welt vom 18.4.2016 (https://www.welt.de/gesundheit/article154460998/Wenn-Frauen-ihre-Schwangerschaft-nicht-bemerken.html)

10 http://www.leihmutter-schaft.de/lesbisches-parchen-traegt-gemeinsam-ein-baby-aus/

11 Beliebt waren bis vor kurzem dänische Samenbanken, die auch Frauen, die nicht in einer Paarbeziehung mit einem Mann lebten, Sperma per Post an ihre Privatanschrift verschickten. Nach einer

Gesetzesänderung in Dänemark ist ihnen das allerdings seit 1.7. 2018 verboten, nun braucht man eine »autorisierte Gesundheitsperson« als Adressat*in. Da sich die Gesetzeslage hier permanent ändert, muss man im Zweifelsfall etwas googeln, um herauszufinden, woher man Sperma beziehen kann, oder zur Befruchtung in das entsprechende Land reisen. Jedenfalls sind die Schwierigkeiten einer Selbst-Befruchtung mit anonymem Spendersamen ausschließlich gesellschaftlicher und juristischer Natur, was die Biologie betrifft, so wäre es ganz einfach möglich. Vgl. z.B. den Blog »Solomamapluseins«, https://www.solomamapluseins.de/diese-samenbanken-sind-singlefreundlich/

12 In Science-Fiction-Romanen wird diese Möglichkeit manchmal ausgearbeitet. Zum Beispiel schreibt Sophie Behr in »Ida und Laura. Once more with feeling« über eine Frau, die ihren eigenen Klon gebiert, und Angela Chadwick in »XX Was wäre wenn« über ein Frauenpaar, das per Ovo-in-Ovo-Befruchtung eine genetisch »eigene« Tochter bekommt.

13 Zahlen aus dem Spiegel-Special Müttersterblichkeit, Ausgabe 55/2017, https://mobil.derstandard.at/2000035828978/Plattform-Mutternacht-Muettersterblichkeit-ist-kein-Schicksal, sowie Angaben zu USA aus Kiera Butler: »The Scary Truth about Childbirth« in: Mother Jones Jan/Feb 2017 (https://www.motherjones.com/politics/2017/01/childbirth-injuries-prolapse-cesarean-section-natural-childbirth/

14 Laut Valeri-Siba Rousparast: »Unter weißen Kitteln«, Missy Magazine 02/2019, S. 47, sogar viermal so hoch.

15 Vgl. Kiera Butler (2017) »The Scary Truth about Childbirth« in: Mother Jones Jan/Feb 2017 (https://www.motherjones.com/politics/2017/01/childbirth-injuries-prolapse-cesarean-section-natural-childbirth/

16 Aarathi Prasad (2016) Like a Virgin, S. 131.

17 Aarathi Prasad (2016) ebd., S. 132, https://www.schwangerundkind.de/eklampsie.html.

18 Laut einer Erhebung im Zeitraum zwischen 2002 und 2009, vgl. Anita Kottwitz u.a.: »Die Geburt im Kontext der Zeit kurz davor und danach – Eine repräsentative empirische Beschreibung der Situation in Deutschland auf der Basis des Sozio-oekonomischen Panels (SOEP)«, in: Paula-Irene Villa u.a. (2011) Soziologie der Geburt, S. 133.

19 Orna Donath (2016) Wenn Mütter bereuen.

20 Vgl. Antje Schrupp (2009) Methusalems Mütter.

21 Diesen Begriff habe ich von Christina von Braun (2018) übernommen. Sie unterscheidet bei bezahlten Schwangerschaften zwischen »Leihmüttern« (die mit eigener Eizelle schwanger werden) und »Tragemüttern« (die die befruchtete Eizelle einer anderen austragen).

22 https://www.conceiveabilities.com/about/blog/the-pros-and-cons-of-surrogacy-for-surrogates. Allerdings werden ihnen gleichzeitig 43.000 bis 53.000 USD dafür angeboten, https://www.conceiveabilities.com/surrogates/surrogate-mother-pay.

23 Antoinette Fouque (2015) a.a.O., xxviii u.a.

24 Vgl. z.B. Hanna Strack (2006) Die Frau ist Mit-Schöpferin.

25 https://schwangerschaft.gofeminin.de/forum/nabelschnur-durchschneiden-fd847523 (Orthografie von mir korrigiert).

26 Meldung vom 18. Januar 2019, ich habe einen Screenshot gemacht. Der Text wurde später korrigiert und lautet nun, Maß habe »auf die Anwesenheit bei der Geburt seiner Tochter verzichtet«. Abrufbar ist nur noch der korrigierte Text: https://www.n-tv.de/politik/Ministerpraesident-Bouffier-wiedergewaehlt-article20817890.html

27 http://www.spiegel.de/politik/ausland/brexit-abgeordnete-tulip-siddiq-verschiebt-kaiserschnitt-wegen-abstimmung-a-1248055.html.

28 Vgl. Sarah B. Hrdy (2010) S. 148f, 337ff, 354ff. Der Beitrag von Vätern an der materiellen Versorgung von Kindern wird hingegen vermutlich übersetzt, S. 208.

29 Vgl. Statista 2009: »Wie Großeltern die Familie ihrer Kinder bei der Haus- und Familienarbeit unterstützen«. https://de.statista.com/statistik/daten/studie/163493/umfrage/art-der-unterstuetzung-bei-der-familienarbeit-durch-grosseltern/

30 Vgl. dazu Andrea Günter (2007) Vätern einen Platz geben.

31 https://dejure.org/gesetze/StGB/219.html

32 Zit. Nach https://www.nytimes.com/2019/02/11/world/europe/orban-hungary-babies-mothers-population-immigration.html

33 Nina Strassner: »Der Kompromiss um 219a ist ein Witz – und das Frauenbild der Rechtsprechung erbärmlich«, in Edition F, 20.2.2019, https://editionf.com/Nina-Strassner-Rechtsstaat-Schwangere-Abtreibung-Bevormundung-Opferrolle-219a-218

34 Wie schwierig es auch für Lesben war, sich mögliche Lebensentwürfe mit gemeinsamen Kindern überhaupt nur vorzustellen, schildert Dorothee Markert in »Mutter von Drillingen«, beziehungswei-

se weiterdenken, 4.11.2011 (http://www.bzw-weiterdenken.de/2018/11/mutter-von-drillingen/).

35 Erica Millar (2017) Happy Abortions, S. 30.

36 Thomas Fischer: »Fischers kleine Presseschau: die neue Abtreibungsdebatte – Erhellendes und Unzutreffendes zum Paragraph 219a«, Meedia, 13.2.2019, https://meedia.de/2019/02/13/fischers-kleine-presseschau-die-neue-abtreibungsdebatte-erhellendes-und-unzutreffendes-zum-paragraph-219a/

37 Antoinette Fouque (2015) a.a.O., S. 232.

38 Luce Irigaray (1974) a.a.O., S. 297.

39 »Cis« bedeutet »diesseits« und bezeichnet (als Pendant zu »trans«, »jenseits«) Menschen, deren Geschlecht mit demjenigen, das ihnen bei der Geburt zugesprochen wurde, übereinstimmt. Siehe Glossar.

40 Erica Millar (2017) Happy Abortions, S. 62.

41 Wobei auch diese Sichtweise eine historische Dimension hat, vgl. dazu Caroline Arni (2018) Pränatale Zeiten.

42 Das schildert zum Beispiel sehr anschaulich Sabine Rennefanz: »Ist das Mutterglück?« in: Berliner Zeitung, 13.1.2019 (https://www.berliner-zeitung.de/kultur/literatur/ist-das-mutterglueck--schmerzen de-brueste-und-ein-gefuehl-von-unfreiheit-31862644).

43 Vgl. Christina von Braun (2018) a.a.O., S. 468.

Zweigeschlechtlichkeit und heterosexuelle Matrix

1 Vgl. dazu auch Ursula Knecht u.a. (2013) a.a.O.

2 Carol Pateman (1988) The Sexual Contract.

3 Vgl. Christina von Braun (2018) a.a.O., S. 183.

4 Zum Beispiel gab es zunächst in Genf, dann in Frankreich, den Niederlanden und England Vorschriften zur Maximalgröße einer Familie, vgl. Christina von Braun (2018) a.a.O., S. 414.

5 Vgl. Erica Millar (2017) a.a.O., S. 138ff.

6 Ruth Mazo Karras (2006) Sexualität im Mittelalter.

7 Diana Sartori: »Irdische Zeichen. Zwischen dem Mehr der Politik und dem Weniger der Macht«. In: Diotima (2012) Macht und Politik sind nicht dasselbe.

8 Jana Ballenthien: »Feministische Schwangerschaftsanekdoten. Rol-

lendiskurse in der Schwangerschaft subjektiv verhandelt« in: Mecklenbrauck / Böckmann (2013) The Mamas and The Papas, S. 46.

9 Beispiele für diese Dynamik, in der westliche Vorstellungen von einer Dichotomie zwischen Kultur und Natur, Weiblich und Männlich beim Verständnis anderen Gesellschaften übergestülpt wurden, u.a. in dem von Carol MacCormack und Marilyn Strathern herausgegebenen Sammelband »Nature, Culture and Gender« (2010).

10 In deutscher Übersetzung hier dokumentiert: http://www.bzw-weiterdenken.de/2015/11/freudenspruenge/

11 Vgl. https://www1.wdr.de/stichtag/stichtag-scheidungsrecht-100.html

12 Die Reform 2008 gravierend negative finanzielle Folgen für geschiedene Frauen, vgl. Christoph Schäfer: »Warum das neue Unterhaltsrecht teilweise gescheitert ist«, in FAZ, 30.10.2017, https://www.faz.net/aktuell/finanzen/meine-finanzen/2.3094/warum-das-neue-unterhaltsrecht-teilweise-gescheitert-ist-15267914.html

13 Lisa Yashodhara Haller: »Die Eingrenzung der Freiheit«, in: Jungle World vom 28.2.2019, https://jungle.world/artikel/2019/09/die-ein grenzung-der-freiheit?page=all.

14 Vgl. Antje Schrupp: »Warum öffnen wir die Ehe nicht tatsächlich für alle?« Deutschlandfunk Kultur, 21.11.2018. https://www.deutschlandfunkkultur.de/verwandtschaft-polyamorie-co-parenting -warum-oeffnen-wir.1005.de.html?dram:article_id=433688

15 Katharina Wojczenko: »Drei Männer und ein Fall von Liebe«, FAS vom 3.2.2019.

16 Vgl. z.B. Jenny Becker: »Allein zusammen erziehend« in Zeit-online, 19.1.2017. https://www.zeit.de/2017/02/co-parenting-kinder-erziehung-familienplanung-internet

17 Sabine Sütterlin: Ungewollte Kinderlosigkeit. Berlin-Institut für Bevölkerung und Entwicklung, März 2009 (https://www.berlin-institut.org/online-handbuchdemografie/bevoelkerungsdynamik/aus wirkungen/ungewollte-kinderlosigkeit.html)

18 Bini Adamczak: »Come on. Über die Erfindung eines neuen Wortes, das sich aufdrängt – und unser Sprechen über Sex revolutionieren wird«, in: Missy Magazine, 8.3.2016, https://missy-magazine.de/blog/2016/03/08/come-on/.

19 Vgl. https://www.sueddeutsche.de/gesundheit/brasilien-gebaermutter-transplantation-geburt-1.4239138. Der üblichere Weg ist natürlich, mittels Leihmutterschaft ein Kind zu zeugen, manche Reprodukti-

onskliniken bewerben diese Möglichkeiten bereits explizit, zum Beispiel hier: https://ivf-spain.com/de/ohne-gebaermutter-mutter-werden.

20 Vgl. Aarathi Prasad (2012) a.a.O., S. 240ff.

21 In einem Fall aus 2008 bekam die Betreffende den Eierstock ihrer Zwillingsschwester, https://www.aerztezeitung.de/politik_gesellschaft/organspende/article/521298/deutsche-bringt-erstes-baby-nach-eierstock-transplantation-welt.html

22 https://www.n-tv.de/wissen/Junge-Chemo-Patientin-wird-Mutter-article19336676.html

23 Vgl. Brigitte vom 6.11.2018: https://www.brigitte.de/aktuell/gesellschaft/rajo-devi-lohan--inderin-wird-mit-71-zum-ersten-mal-mutter-11370476.html

24 Vgl. auch Alisa Tretau, Hg. (2018) Nicht nur Mütter waren schwanger: Viele der in diesem Sammelband zusammengetragenen Erfahrungsberichte handeln von der Situation, schwanger werden zu wollen, es aber (trotz Gebärmutter) nicht zu können.

25 https://www.hebammenblog.de/unerfuellter-kinderwunsch-der-weg-eines-lesbischen-paares/

26 Vgl. Alisa Tretau, Hg. (2018) a.a.O., S. 68.

27 Vgl. auch das Interview von Julia Stelzner mit Teresa Bücker und Malin Elmlid in der FAZ, »Schwangerschaft ohne Geburt« vom 23.12. 2018 https://www.faz.net/aktuell/gesellschaft/gesundheit/fehlgeburten-gespraech-ueber-den-verlust-der-schwangerschaft-15909717.html

28 Vgl. z.B. die Webseite des Museums für Verhütung und Schwangerschaftsabbruch in Wien, http://de.muvs.org/topic/abtreibung-in-der-antike/

29 Und fünf Millionen kommen nach einer Abtreibung ins Krankenhaus, Erica Millar (2017) a.a.O., S. 11.

30 https://missy-magazine.de/archiv/missy-0109/legal-illegal-ganz-egal/

31 Vgl. z.B. Jana Hensel: »Der West-Paragraf«, Zeit-Online, 18.2. 2019, https://www.zeit.de/2019/08/schwangerschaftsabbrueche-debatte-paragraf-219a/komplettansicht, außerdem: https://www.zeit.de/wissen/gesundheit/2016-05/schwangerschaftsabbruch-abtreibung-gefahr-verhuetung-entwicklungslaender

32 Details zur diesbezüglichen »Diagnosespirale« bei Kirsten Achtelik (2015) Selbstbestimmte Norm, S. 40ff.

33 Vgl. http://www.spiegel.de/gesundheit/schwangerschaft/down-syndrom-neun-von-zehn-frauen-treiben-ab-a-1138841.html

34 Vgl. zu dem Thema Rebecca Maskos und Andrea Trumann: »Das

genormte Wunschkind«, in Mecklenbrauck/Böckermann (2013) a.a.O., sowie das Standardwerk zum Thema von Kirsten Achtelik (2016) Selbstbestimmte Norm.

35 Kirsten Achtelik (2016) a.a.O., S. 10.

36 Frauen leben 3: Familienplanung im Lebenslauf von Frauen: Ungewollte Schwangerschaften, S. 206. https://www.forschung.sexualaufklaerung.de/fileadmin/fileadmin-forschung/pdf/Frauenleben3_Langfassung_Onlineversion.compressed.pdf

37 So sind die Abtreibungsraten im eher liberalen Westeuropa (12 von 1000 Frauen) deutlich niedriger als im katholischen Südamerika (32 von 1000 Frauen), vgl. https://www.svss-uspda.ch/weltweit/ – wobei hier allerdings auch der Altersfaktor eine Rolle spielt, da jüngere Frauen generell häufiger abtreiben als ältere.

38 Luisa Muraro: »Libertà femminile«, Il Manifesto, 17.10.2018. Vgl. auch Erica Millar (2017) a.a.O., S. 138.

39 Lukasevangelium Kapitel 1, Verse 26-28.

40 Man könnte sogar noch weiter gehen und fragen, warum es überhaupt notwendig war, dass ein Engel Maria schon vorab ihre Schwangerschaft ankündigt. Es wäre eine plausible Erklärung, dass er sie durch den Hinweis auf die weltgeschichtliche Bedeutung ihres Sohnes von einer Abtreibung abhalten wollte, da sie ja unverheiratet, also sozial nicht zum Schwangerwerden legitimiert war.

41 Deshalb schreibt der Biologe und Sozialwissenschaftler Heinz-Jürgen Voß, dass reproduktive Organe wie etwa die Gebärmutter immer nur »vermeintlich vorhanden« sind. Heinz-Jürgen Voß (2011) Geschlecht. Wider die Natürlichkeit, S. 63. Allerdings ist das eine etwas irreführende Formulierung, weil sie ja tatsächlich schwanger werden kann oder nicht, nur das Wissen darüber ist nicht vorhanden.

42 Vgl. FAZ-Bericht: https://www.faz.net/aktuell/politik/ausland/naher-osten/handschlag-sorgt-fuer-aufregung-hendricks-mit-mann-verwechselt-empoerung-in-iran-14471622.html

43 So etwa im Wikipedia-Artikel »Transsexualität« im Abschnitt »Mittelalter«, https://de.wikipedia.org/wiki/Transsexualit%C3%A4t#Mittelalter.

44 https://en.wikipedia.org/wiki/First_same-sex_marriage_in_Spain

45 Vgl. »Frauen, die zu Männern gemacht werden«, Zeit-Online, 2.7.2019, https://www.zeit.de/gesellschaft/2013-06/fs-sworn-virgins-hristova-2.

46 Vgl. zum Beispiel Donn Saylor: These Pregnant Transgender Men

are Challenging The Ways People View Gender And Pregnancy: Ranker, https://www.ranker.com/list/pictures-of-pregnant-transgender-men/donn-saylor

Hormone, Chromosomen, Uteri – zur Biologie von Geschlecht

[1] Vgl. z.B. Paula-Irene Villa (2019) Sex – Gender: Ko-Konstitution statt Entgegensetzung«. In: Beate Kortendiek u.a. (Hg) (2019) Handbuch Interdisziplinäre Geschlechterforschung.

[2] Es zirkuliert in einem Netzwerk, das seit 2013 besteht und dem über hundert Organisationen in dreißig europäischen Ländern angehören. Zu seinen Zielen gehört ein komplettes Verbot von Abtreibung, Scheidung, Verhütungspillen und künstlicher Befruchtung, ebenso die Abschaffung aller Regelungen, die Gleichstellung fördern oder Diskriminierung verhindern sollen. Öffentlich geworden ist das Handbuch über das EPF, das Europäische Parlamentarische Forum für Bevölkerung und Entwicklung, einen überparteilichen Zusammenschluss von Abgeordneten im EU-Parlament. Vgl. https://www.epfweb.org/node/690. Einen aktuellen Überblick zu alledem gibt Jasmin Siri (2018) Kampfzone Gender.

[3] Christina von Braun (2018) a.a.O., S. 416.

[4] Cory Silverberg, Fiona Smyth (2018) Wie entsteht ein Baby?

[5] Queerulant_in – Queere Politiken und Praxen, Jahrgang 4, Ausgabe 1 (8) Juli 2015, S. 6 https://www.queerulantin.de/wp-content/uploads/2015/09/Queerulant_in-Ausgabe-8-Ohne-Design.pdf

[6] Natalie Angier (2000) Frau, S. 130.

[7] So z.B. Lann Hornstedt und Lio Oppenländer (2019), S. 18, passim

[8] Zit. nach Judith Butler (1991) Das Unbehagen der Geschlechter, S. 176.

[9] Monique Wittig (1980) Die Verschwörung der Balkis, »Les Guérilleres«, passim.

[10] In ihrem 1973 erschienenen Buch »Le Corps Lesbien« führt sie das weiter, auch hier spielen weibliche Genitalien wie die Klitoris eine wichtige Rolle.

[11] Vgl. Antoinette Fouque (2015) a.a.O.

[12] Anne Fausto-Sterling: »Why Sex Is Not Binary«, The New York Times, 25.10.2018, https://www.nytimes.com/2018/10/25/opinion/sex-biology-binary.html.

[13] Felicia Ewert (2018) Trans.Frau.Sein., S. 110.

14 Vgl. Nassim N. Taleb (2018) Skin in The Game. Das Risiko und sein Preis. Penguin, S. 111ff. Das funktioniert natürlich nur, wenn der Mehrheit das Thema nicht so wichtig ist.

15 Melanie Blackless u.a.: »How Sexually Dimorphic Are We?« in: American Journal of Human Biology, Nr. 12/2000, S. 159, gehen von 1:100.000 aus, die National Organization for Rare Disorders geht von maximal 1:20.000 Fällen aus, https://rarediseases.org/rare-diseases/ovotesticular-disorder-of-sex-development/.

16 Melanie Blackless u.a.: »How Sexually Dimorphic Are We?« in: American Journal of Human Biology, Nr. 12/2000, S. 151-165.

17 Ausführlich geschildert wird das Phänomen von Natalie Angier (2000) a.a.O., S. 50ff.

18 Zum Beispiel bei Lucien Baumgartner: »Was ist Intersexualität? Sechs Antworten zum dritten Geschlecht« in: Neue Züricher Zeitung, 9.11.2017, https://www.nzz.ch/international/fuenf-antworten-zu-intersexualitaet-ld.1327310

19 Bereits seit 2013 gibt es die Möglichkeit, dass die Angabe zum Geschlecht des Kindes unausgefüllt bleibt. Diese Möglichkeit ist allerdings kaum in Anspruch genommen worden (in den ersten zwei Jahren nach Inkrafttreten seien es lediglich 12 Fälle gewesen), vgl. https://edition.cnn.com/2018/12/29/health/third-gender-law-germany-grm-intl/index.html.

20 Fabian Goldmann: »Mann und Frau waren nie die einzigen«, in Zeit-Online vom 1.1.2019, https://www.zeit.de/kultur/2018-12/drittes-geschlecht-rechtliche-anerkennung-mann-frau-vielfalt-akzeptanz/komplettansicht

21 Vgl. etwa die Überlegungen von Paul Preciado (2013) Testo Junkie.

22 Donna Haraway: »Ein Manifest für Cyborgs«, in deutscher Übersetzung hier abrufbar: http://www.medientheorie.com/doc/haraway_manifesto.pdf

23 Und sowieso sollte die Geschlechtsangabe im Personenstandsregister gestrichen werden. Mehr dazu bei Bini Adamczak: »Der Gesetzesentwurf zum dritten Geschlechtseintrag verbessert fast nichts« in: Missy Magazine, 19.11.2018 (https://missy-magazine.de/blog/2018/11/19/der-gesetzesentwurf-zum-dritten-geschlechts%C2%AD eintrag-verbessert-fast-nichts/).

24 Michael Wunder: »Intersexualität: Leben zwischen den Geschlechtern«, Bundeszentrale für politische Bildung, 8.5.2012 (http://www.bpb.de/apuz/135442/intersexualitaet-leben-zwischen-den-geschlechtern?p=all)

[25] Vgl. https://missy-magazine.de/blog/2016/05/26/der-autor-und-queer theoretiker-paul-b-preciado-nahm-testosteron-doch-nicht-um-ein-mann-zu-werden/

[26] Zit. nach. Yv E. Nay (2017) Feeling Family, S. 252ff. Als Beispiele aufgeführt werden Texte von Judith Jack Halberstam und Lee Edelmann.

[27] Heinz-Jürgen Voß (2011) Geschlecht, S. 131.

[28] Ebd.

[29] Vom Autor damals noch unter dem Namen Beatriz Preciado veröffentlicht. Vgl. auch den philosophischen Hörspaziergang »Wege nach Queertopia« von Anna Wegricht, Audioguide Berlin, https://www.stadt-im-ohr.de/touren/wege-nach-queertopia/.

[30] Beatriz Preciado (2003) S. 28.

[31] Preciado, a.a.o., S. 27.

[32] Yv E. Nay (2017) Feeling Family, S. 43.

[33] Vgl. Antje Schrupp: »Gegen den Geschlechterblödsinn«, Zeit-Online, 3.3.2017, https://www.zeit.de/kultur/2017-03/gender-marketing-sexismus-negativ-preis-goldener-zaunpfahl-10nach8

[34] So z.B. Felicia Ewert (2018) Tans. Frau. Sein.

Die Konstruktion des Vaters und die Entstehung des Patriarchats

[1] Luce Irigaray (1974) a.a.O., S. 25.

[2] Antoinette Fouque (2015) a.a.O., S. 70f, 221 u.a.

[3] Sulamith Firestone (1970) a.a.O., S. 71.

[4] Simone de Beauvoir (1949) a.a.O., S. 71.

[5] Gerda Lerner (1997) Die Entstehung des Patriarchats.

[6] Helke Sander (2017) Die Entstehung der Geschlechterhierarchie, Kindle-Position 90.

[7] Vgl. dazu ausführlich Christina von Braun (2018), a.a.O., S. 63ff.

[8] Vgl. Antje Schrupp: »Mutter unser« in: Der Freitag, Ausgabe 23/2014, https://www.freitag.de/autoren/antjeschrupp/mutter-unser.

[9] Genesis 3, 16.

[10] Vgl. http://www.kathpedia.com/index.php?title=Ansprache_vom_8._Januar_1956_%C3%BCber_die_schmerzlose_Geburt

[11] Slavoj Žižek (2011) Die bösen Geister des himmlischen Bereichs, S. 114f.

12 Vgl. auch Antje Schrupp: »Über das Müssen. Für eine andere Philosophie der Pflicht« in: dies. (2009) Was wäre wenn? Über das Begehren und die Bedingungen weiblicher Freiheit, sowie dies.: »Erkennen, was notwendig ist« in: Ronald Blaschke und Werner Rätz, Hg. (2013) Teil der Lösung. Plädoyer für ein bedingungsloses Grundeinkommen, Rotpunktverlag.

13 Vgl. https://www.welt.de/icon/iconista/article187903992/Mental-Load-Wenn-Muetter-und-Frauen-sich-ueberlastet-fuehlen.html

14 Christina von Braun (2018) Blutsbande, S. 222.

15 Vgl. auch Christina von Braun (2018) Blutsband.

16 Vgl. Sarah B. Hrdy (2010) Mütter und andere, S. 208, 212.

17 Vgl. den Wikipedia-Eintrag »Besuchsehe«.

18 Vgl. Arthur Curti (1934) Frankreichs Privat- und Handelsrecht: Erster Band – Personen-, Familien- und Erbrecht, S. 58.

19 Christina von Braun (2018), a.a.O., S. 19.

20 Vgl. ebd., S. 510.

21 Ebd., S. 403.

22 Ebd., S. 408.

23 Vgl. Sarah B. Hrdy (2000) Mütter und andere, S. 216ff.

24 Vgl. https://www.sueddeutsche.de/politik/unterhalt-kinder-alleinerziehend-1.4333424, http://faktenfinder.tagesschau.de/inland/unterhaltsvorschuss-111.html

25 Es gibt im Netz einer wahre Fülle von Berichten von Müttern über dieses Phänomen, zum Beispiel hier, wo eine Frau klagt, dass ihr Ex-Mann, obwohl er bei der Trennung auf einem gemeinsamen Sorgerecht bestanden hat, kaum Zeit mit den Kindern verbringt und das auch explizit nicht will. https://www.mamiweb.de/fragen/alleinerziehend/vater/4559539_umgangsrecht-pflicht-des-vaters-zum-umgang-mit-seinen-kindern-.html

26 Carla Lonzi (1975) Die Lust, Frau zu sein.

27 Zola selbst behauptet hingegen – ebenso unzutreffenderweise – dass eine Hysterektomie die Frauen alt, vertrocknet, krank, hässlich und lebensmüde mache. Vgl. Emile Zola (1899) Fruchtbarkeit. Urheberrechtsfreie deutsche Kindle-Ausgabe, passim, u.a. S. 298ff.

28 Laut der Ankündigung von Ministerpräsident Victor Orbàn soll jede Frau unter 40, die zum ersten Mal heiratet, einen Kredit in Höhe von gut 30.000 Euro bekommen, dessen Rückzahlung ausgesetzt oder erlassen wird, je mehr Kinder sie hat (ab dem dritten muss sie nichts mehr zurückzahlen), vgl. https://www.nytimes.com/

2019/02/11/world/europe/orban-hungary-babies-mothers-population-immigration.html.

29 Millar (2017), a.a.O. S. 11.

30 Seit Mai 2013 erhält eine unverheiratete Frau nicht mehr automatisch das Sorgerecht für ein von ihr geborenes Kind. Die Samenspender haben die Möglichkeit, auch gegen den Willen der Frau das Sorgerecht einzuklagen. Eine Veränderung, die das Bundesjustizministerium auf seiner Webseite damit anpreist, dass die Gesellschaft »bunter und offener« geworden sei. https://www.bmjv.de/DE/Themen/FamilieUndPartnerschaft/SorgeUmgangsrecht/SorgeUmgangsrecht_node.html

31 Heinrich Schmitz: »§ 219a StGB – Der Fall Hänel«, 20.10.2018, https://diekolumnisten.de/2018/10/20/%C2%A7-219a-stgb-der-fall-haenel/

32 http://www.taz.de/Abtreibungen-in-den-USA/!5430579/

33 Vgl. in Bezug auf die USA Marc Pitzke: »Die verdrängte Schande« in Der Spiegel, 5.1.2012, sowie in Bezug auf Australien Erica Millar (2017) Happy Abortions, S. 61. Eine Übersicht über die verschieden Länder, in denen Zwangssterilisationen vorgenommen wurden, auf https://en.m.wikipedia.org/wiki/Compulsory_sterilization.

34 Seyda Kurt: »Vertragsarbeiter*innen in der DDR«, Ze.tt, 16.10.2018 – https://ze.tt/vertragsarbeiterinnen-in-der-ddr-heute-koennen-sie-keine-kinder-mehr-kriegen-weil-sie-kaputt-sind/

35 Antonella Mariani: Aborto, 40 anni dopo. Luisa Muraro: «Per noi femministe non è un diritto«, in Avvenire, 10.5.2018, https://www.avvenire.it/famiglia-e-vita/pagine/luisa-muraro-abortire-non-un-diritto

36 Vgl. dazu Antje Schrupp: »Du sollst nicht töten: Abtreibungsverbote und christliche Ethik« in evangelisch.de, 15.1.2018 https://www.evangelisch.de/inhalte/148207/15-01-2018/du-sollst-nicht-toeten-abtreibungsverbote-und-christliche-ethik-antje-schrupp)

37 Hannah Arendt (1981) Vita activa, S. 222.

38 https://www.elternimnetz.de/start/schwangerschaft/adoption.php

39 https://www.zeit.de/zeit-magazin/2018/25/entbindungsheime-unverheiratete-frauen-kinder-geburt-adoption/seite-2

Leihmutterschaft, Eizellenverkauf, Reproduktionsmarkt

1 Yv E. Nay (2017) a.a.O., S. 13ff.

2 Shulamith Firestone (1975) a.a.O., S. 191.

3 https://www.sueddeutsche.de/gesundheit/brasilien-gebaermutter-transplantation-geburt-1.4239138.

4 Kristin Houser: »A Woman is pregnant following a robot-assisted uterus transplant«, Futurism.com, 19.1.2019, https://futurism.com/the-byte/uterus-transplant-robot-assisted-surgery. Zur Geschichte der Uterustransplantationen und männlichem Schwangerwerden-können vgl. auch Aarathi Prasad (2012) Like a Virgin, S. 211ff.

5 Vgl. http://www.spiegel.de/gesundheit/schwangerschaft/kuenstliche-befruchtung-2015-wurden-mehr-als-20-000-babys-geboren-a-1183272.html, ebenso https://www.aerzteblatt.de/nachrichten/96224/40-Jahre-kuenstliche-Befruchtung-Acht-Millionen-Babys-kamen-zur-Welt

6 Vgl. https://www.faz.net/aktuell/gesellschaft/menschen/baby-kommt-vier-jahre-nach-tod-seiner-eltern-zur-welt-15538822.html

7 Genesis 16.

8 Luisa Muraro: »Le parole per dirlo: Born not made«, in: Sottosoptra Cambio di Civiltà, September 2018.

9 Antoinette Fouque (2015) a.a.O., S. 225.

10 Vgl. Kitchen Politics, Hg. (2015) Sie nennen es Leben, wir nennen es Arbeit.

11 Details bei Aarathi Prasad (2012) a.a.O., S. 153ff.

12 Antoinette Fouque (2015) a.a.O., S. 223.

13 Vgl. Christina von Braun (2018) a.a.O., S. 459, Aarathi Prasad (2012) a.a.O., S. 144.

14 Ebd. S. 460.

15 Die Ärztin Rita Vassena von einer Kinderwunschklinik in Barcelona, zit. von Christine Memminger: »Alles (k)eine Frage der Fruchtbarkeit« in: Deine Korrespondentin, 16.1.2019, https://www.deine-korrespondentin.de/alles-keine-frage-der-fruchtbarkeit/

16 https://www.sueddeutsche.de/wissen/gentechnik-crispr-china-baby-1.4238599

17 Vgl. Kirsten Achtelik (2016) Selbstbestimmte Norm.

18 Vgl. Mara Hvistendahl (2013) Das Verschwinden der Frauen.

19 https://www.familie.de/kinderwunsch/wunschgeschlecht-durch-praeimplantationsdiagnostik-1149418.html

20 Vgl. https://www.familienplanung.de/kinderwunsch/rechtliches-und-finanzielles/ Die Beschränkung auf heterosexuelle Paare ist eine Folge der Tatsache, dass nur »eigene« Ei- und Samenzellen des Paares verwendet werden dürfen. Einen sehr guten und informativen Überblick sowohl über die verschiedenen Reproduktionstechniken

wie auch über die derzeitige gesetzliche Regelung in Deutschland sowie die maßgeblichen Akteur*innen und deren Positionen gibt Kirsten Achtelik (2017) Neue Technologien, alte Gesetze, https://www.gen-ethisches-netzwerk.de/files/neue_technologien_alte_gesetze.pdf

21 https://www.deine-korrespondentin.de/alles-keine-frage-der-fruchtbarkeit/

22 https://www.mdr.de/heute-im-osten/ostblogger/ukraine-leihmutterschaft-100.html

23 http://www.spiegel.de/panorama/gesellschaft/australien-leihmutter-und-baby-mit-down-syndrom-im-stich-gelassen-a-984139.html

24 https://www.n-tv.de/panorama/US-Leihmutter-will-Drillinge-behalten-article17095901.html

25 https://www.derwesten.de/panorama/japaner-bekommt-in-thailand-sorgerecht-fuer-13-kinder-id213493753.html

26 https://www.sueddeutsche.de/panorama/thailand-leihmutter-verweigert-die-ausreise-zwei-vaeter-kaempfen-um-ihr-kind-1.2689586. Schlussendlich hat das thailändische Familiengericht dem genetischen Vater das Sorgerecht zugesprochen: https://www.conceiveabilities.com/about/blog/gay-couple-wins-in-lawsuit-against-thai-surrogate

27 https://www.faz.net/aktuell/wissen/leben-gene/epigenetik-untersucht-praegung-des-foetus-im-mutterleib-13101903.html

28 Ich folge hier der Terminologie von Christina von Braun (2018), die den Begriff »Tragemutter« für Frauen verwendet, die ein Kind mit fremden Eizellen austrägt, den Begriff »Leihmutter« hingegen für Frauen, die eine eigene Eizelle austragen.

29 https://www.huffingtonpost.de/2016/02/18/zellen-im-gehirn_n_9252294.html

30 Aarathi Prasad (2012) a.a.O., S. 120f, vgl. auch Siri Hustvedt (2018) a.a.O., S. 11.

31 Vg. Aarathi Prasad (2012) a.a.O., S. 147.

32 https://www.n-tv.de/ticker/Ex-Liebhaber-hat-kein-Recht-auf-Vaterschaftstest-article20546720.html

33 So hat im März 2019 das Oberlandesgericht Frankfurt entschieden, dass eine deutsche Frau das von einer ukrainischen Leihmutter ausgetragene Kind adoptieren kann, mit der Begründung, in Deutschland seien zwar Leihmutterschaft und ihre Inanspruchnahme verboten, nicht aber die Vermittlung der Leihmutterschaft in Deutschland und die Verbringung des Kindes nach der Geburt nach Deutschland, vgl. epd Landesdienst Mitte-West vom 14.3.2019.

34 https://www.welt.de/vermischtes/article181452048/Baby-Coco-ist-da-Drittes-Kind-fuer-Robbie-Williams-via-Leihmutter.html

35 http://www.pacificsurrogacyeggdonation.com/

36 Sora Song: Too Posh to Push, Time, 11.2.2004 (http://content.time.com/time/magazine/article/0,9171,610086,00.html)

37 Jerusalem Post vom 9.7.2018, https://www.jpost.com/Israel-News/Single-women-soon-to-get-access-to-surrogacy-gay-couples-denied-option-562058

38 Alexandra Rojkow: »Schicksalswahl« in: Der Tagesspiegel, 16.12.2018 https://blendle.com/i/der-tagesspiegel/schicksalswahl/bnl-tagesspiegel-20181216-0013519998?sharer=eyJ2ZXJzaW9uIjoiMSIsInVpCI6ImFudGplc2NocnVwcCIsIml0ZW1faWQiOiJibmwtdGFnZXNzcGllZ2VsLTIwMTgxMjE2LTAwMTM1MTk5OTgifQ%3D%3D

39 http://assignedmale.tumblr.com/post/106871528812/assigned-male-webcomic-about-a-trans-girl-im

40 Hengameh Yaghoobifarah: »Was für ein Glück, ein 90s Kid zu sein«, in: Zeit Online, 2.9.2018, https://www.zeit.de/campus/2018-08/genderfluiditaet-weiblichkeit-maennlichkeit-geschlechteridentitaet

41 Christian Rath: »Transmann muss Mutter sein«, taz vom 25.9.2017, http://www.taz.de/!5450194/.

42 Antje Schrupp: »Mama, Papa, Väterin« in Zeit-Online, 1.8.2016 (https://www.zeit.de/kultur/2016-08/geburt-vaeter-transsexualitaet-queer-feminismus-10nach8).

43 Jochen König (2013) Fritzi und Ich, Herder.

44 Jürn Kruse: »Danke! Danke! Danke!« in taz vom 3.1.2018 (http://www.taz.de/!5471898/) Das Lied heißt ›Liebe Mama‹ und war in den 1980ern ein Hit in der DDR, der jetzt neu gecovert wurde.

45 Cory Silverberg, Fiona Smyth (2018) Wie entsteht ein Baby?

46 https://www.queerulantin.de/wp-content/uploads/2015/09/Queerulant_in-Ausgabe-8-Ohne-Design.pdf

47 Queerulantin Nr. 8, https://www.queerulantin.de/wp-content/uploads/2015/09/Queerulant_in-Ausgabe-8-Ohne-Design.pdf

48 Der Begriff stammt von der Sprachphilosophin Chiara Zamboni (2004) Unverbrauchte Worte.

49 Das französische Wort »gestation«, das den Prozess betreibt, als Schwangere einen neuen Menschen zur Reife zu bringen, bleibt hier unübersetzt. »Schwangerschaft« klingt eher wie ein amtlicher Zustand, aber nicht wie ein aktiver, kreativer Prozess.

50 Antoinette Fouque (2015) a.a.O., S. 52.

Literatur

Achtelik, Kirsten (2016) Selbstbestimmte Norm. Feminismus, Pränataldiagnostik, Abtreibung, Verbrecher Verlag, Berlin.

Achtelik, Kirsten (2017) Neue Technologien, alte Gesetze. Eine Handreichung des Gen-ethischen Netzwerks im Auftrag des Gunda Werner Instituts (https://www.gen-ethisches-netzwerk.de/files/neue_technologien_alte_gesetze.pdf)

Angier, Natalie (2000) Frau. Eine intime Geographie des weiblichen Körpers. C. Bertelsmann, Gütersloh.

Arendt, Hannah (1981) Vita activa, Pieper, München. Erstveröff. 1958.

Arni, Caroline (2018) Pränatale Zeiten. Das Ungeborene und die Humanwissenschaften (1800-1950). Schwabe Verlag, Basel.

Beauvoir, Simone de (1949) Das andere Geschlecht. Sitte und Sexus der Frau (zit. nach der deutschen Ausgabe von 1986, rororo Sachbuch). Reinbek bei Hamburg.

Behr, Sophie (2001) Ida & Laura. Once more with feeling, Roman, Ulrike Helmer Verlag, Königstein im Taunus.

Blaschke, Ronald und Werner Rätz, Hg. (2013) Teil der Lösung. Plädoyer für ein bedingungsloses Grundeinkommen, Rotpunktverlag, Zürich.

Braun, Christina von (2018) Blutsbande. Verwandtschaft als Kulturgeschichte, Aufbau Verlag, Berlin.

Butler, Judith (1991) Das Unbehagen der Geschlechter, Edition Suhrkamp, Frankfurt am Main.

Chadwick, Angela (2018) XX Was wäre wenn, Roman, Atrium, Zürich.

Diotima (2012) Macht und Politik sind nicht dasselbe, Ulrike Helmer Verlag, Sulzbach am Taunus.

Dolderer, Maya, und Hannah Holme, Claudia Jerzak, Ann-Madeleine

Tietge, Hg. (2016) O Mother, Where Art Thou? (Queer-)Feministische Perspektiven auf Mutterschaft und Mütterlichkeit, Westfälisches Dampfboot, Münster.

Donath, Orna (2016) Wenn Mütter bereuen, Knaus Verlag, München.

Duden, Barbara (2016) Der Frauenleib als öffentlicher Ort. Vom Mißbrauch des Begriffs Leben. Mabuse (Erstveröff. 1991), München.

Engels, Friedrich (1983) Der Ursprung der Familie, des Privateigentums und des Staates. Dietz Verlag, Berlin.

Ewert, Felicia (2018) Trans. Frau. Sein. Aspekte geschlechtlicher Marginalisierung, Edition Assemblage, Münster.

Federici, Silvia (2018) Witches, Witch-Hunting, and Women. PM Press, Oakland/California.

Firestone, Shulamith (1975) Frauenbefreiung und sexuelle Revolution, Fischer TBV (Erstveröff. 1970), Frankfurt am Main.

Fouque, Antoinette (2015) There Are Two Sexes. Essays in Feminology, Colombia University Press, New York. Die von mir verwendeten Zitate entstammen der deutschen Übersetzung von Dieter Hornig, die jedoch noch unveröffentlicht ist.

Günter, Andrea (2007) Vätern einen Platz geben. Aufgabe für Frauen und Männer, Christel Göttert Verlag, Rüsselsheim.

Haller, Lisa Yashodhara (2018) Elternschaft im Kapitalismus. Staatliche Einflussfaktoren auf die Arbeitsteilung junger Eltern, Campus, Frankfurt am Main.

Haraway, Donna, »Manifesto for Cyborgs: Science, Technology, and Socialist Feminism in the 1980s«. In: Socialist Review 80. 1985. S. 65-108.

Hornscheidt, Lann, und Lio Oppenländer (2019) Exit Gender, w_orten & meer; Berlin.

Hrdy, Sarah B. (2010) Mütter und andere. Wie die Evolution uns zu sozialen Wesen gemacht hat, Berlin Verlag, Berlin.

Hustvedt, Siri (2018) Die Illusion der Gewissheit, Rowohlt, Hamburg.

Hvistendahl, Mara (2013) Das Verschwinden der Frauen. Selektive Geburtenkontrolle und die Folgen, dtv, München.

Irigaray, Luce (1974) Speculum. Spiegel des anderen Geschlechts (zitiert nach der deutschen Ausgabe von 1980, Edition Suhrkamp), Frankfurt am Main.

Karras, Ruth Mazo (2006) Sexualität im Mittelalter. Artemis und Winkler, Ostfildern.

Kaiser, Mareice (2016) Alles inklusive. Aus dem Leben mit meiner behinderten Tochter, S. Fischer, Frankfurt am Main.

Kitchen Politics, Hg. (2015) Sie nennen es Leben, wir nennen es Arbeit. Biotechnologie, Reproduktion und Familie im 21. Jahrhundert. Edition Assemblage, Münster.

Knecht, Ursula u.a. (2013) ABC des guten Lebens, Christel Göttert Verlag (www.abcdesgutenlebens.de), Rüsselsheim.

König, Jochen (2013) Fritzi und Ich, Herder, Freiburg im Breisgau.

Lem, Stanislaw (1987) Lokaltermin, Suhrkamp, Frankfurt am Main.

Lerner, Gerda (1997) Die Entstehung des Patriarchats, dtv (Erstveröff. 1986), München.

Lonzi, Carla (1975) Die Lust, Frau zu sein, Merve Verlag, Berlin (Erstveröff. 1970: Sputiamo su Hegel).

MacCormack, Carol, und Marilyn Strathern (2010) Nature, Culture and Gender, Cambridge University Press, Cambridge.

Mecklenbrauck, Annika, und Lukas Böckmann, Hg. (2013) The Mamas and the Papas. Reproduktion, Pop & widerspenstige Verhältnisse, Ventil, Mainz.

Millar, Erica (2017) Happy Abortions. Mein Bauch gehört mir – noch lange nicht, Wagenbach, Berlin.

Nay, Yv E. (2017) Feeling Family. Affektive Paradoxien der Normalisierung von »Regenbogenfamilien«, Zaglossus, Wien.

Nelson, Maggie (2017) Die Argonauten. Hanser, Berlin.

Pateman, Carol (1988) The Sexual Contract, Stanford University Press.

Praetorius, Ina (2011) Immer wieder Anfang. Texte zum geburtlichen Denken, Grünewald.

Prasad, Aarathi (2012) Like a Virgin. How Science is Redesigning the Rules of Sex. Oneworld, Oxford / UK.

Preciado, Beatriz (= Paul) (2003) Kontrasexuelles Manifest. B_books, Berlin.

Preciado, Paul B. (2013) Testo Junkie: Sex, Drugs, and Biopolitics in the Pharmacopornographic Era, The Feminist Press at CUNY, New York.

Sander, Helke (2017) Die Entstehung der Geschlechterhierarchie. Verlag Zukunft und Gesellschaft, Berlin.

Schadler, Cornelia (2013) Vater, Mutter, Kind werden. Eine posthumanistische Ethnographie der Schwangerschaft. Transcript, Bielefeld.

Schmitz, Ka, und Cai Schmitz-Weicht (2013) Wie Lotta geboren wurde. Atelier 93/4, Darmstadt.

Schrupp, Antje (2007) Methusalems Mütter. Chancen des demografischen Wandels, Ulrike Helmer Verlag, Königstein im Taunus.

Schrupp, Antje (2009) Was wäre wenn? Über das Begehren und die Bedingungen weiblicher Freiheit, Ulrike Helmer Verlag, Königstein im Taunus.

Silverberg, Cory, und Fiona Smyth (2018) Wie entsteht ein Baby? Mabuse-Verlag, Frankfurt am Main (Erstveröff. 2012).

Siri, Jasmin (2018) Kampfzone Gender. NP&I Verlag, Berlin.

Strack, Hanna (2006) Die Frau ist Mit-Schöpferin. Eine Theologie der Geburt, Christl Göttert Verlag, Rüsselsheim.

Tretau, Alisa, Hg. (2018) Nicht nur Mütter waren schwanger, Edition Assemblage, Münster.

Villa, Paula-Irene, und Stephan Moebius, Barbara Thiessen (Hg): Soziologie der Geburt, Campus, Frankfurt/New York 2011.

Villa, Paula-Irene, »Sex – Gender: Ko-Konstitution statt Entgegensetzung« In: Beate Kortendiek u.a., Hg. (2019) Handbuch Interdisziplinäre Geschlechterforschung, Springer Fachmedien, Wiesbaden.

Voß, Heinz-Jürgen (2011) Geschlecht. Wider die Natürlichkeit, Schmetterling-Verlag, Stuttgart.

Wichmann, Clara (2018) Vom revolutionären Elan. Beiträge zu Emanzipationsbewegungen 1917-1922, Verlag Graswurzelrevolution, Heidelberg. Mit einer biograf. Einleitung hrs. v. Renate Brucker.

Wittig, Monique (1980) Die Verschwörung der Balkis, ›Les Guérillères‹, Frauenoffensive, München (Erstveröff. 1969)

Wittig, Monique (2015) Le Corps Lesbien, Éditions de Minuit, Paris (Erstveröff. 1973).

Zamboni, Chiara (2004) Unverbrauchte Worte. Frauen und Männer in der Sprache, Christel Göttert Verlag, Rüsselsheim.

Žižek, Slavoj (2011) Die bösen Geister des himmlischen Bereichs. Der linke Kampf um das 21. Jahrhundert. S. Fischer, Frankfurt am Main.

Zola, Émile (2011) Fruchtbarkeit, Roman, Europäischer Literaturverlag, Berlin (Erstveröff. 1899).

Glossar

AFAB / AMAB Die Akronyme AFAB (engl.: *assigned female at birth* | hat bei der Geburt das weibliche Geschlecht zugesprochen bekommen) und AMAB (engl.: *assigned male at birth* | hat bei der Geburt das männliche Geschlecht zugewiesen bekommen) verweisen auf die soziale Konstruiertheit von Geschlecht. Sie werden verwendet, um über körperliche Unterschiede zwischen Menschen mit und ohne Uterus zu sprechen, ohne dies an Geschlecht zu binden. So können zum Beispiel **> cis Frauen** und **> trans Männer** sich in einer AFAB-Gruppe über Menstruation austauschen, während trans Frauen und cis Männer als AMAB damit keine Erfahrung haben.

Binarität bedeutet in der Mathematik, dass etwas in nur und genau zwei Teile unterteilbar ist. Zum Beispiel ist die Binarität von Null und Eins die Grundlage der digitalen Welt. Im Diskurs über **> Geschlechterdifferenzen** wird vor allem im **> Queer-Feminismus** ein binäres Verständnis von Geschlecht kritisiert, also die Vorstellung, die Menschheit ließe sich in nur und genau zwei Geschlechter unterscheiden.

Biopolitik Staatliche und politische Regulierung von Bereichen, die direkt mit menschlichen Körpern und biologischen Prozessen zu tun haben, wie zum Beispiel Fortpflanzung, Geburts- und Sterbeprozesse, Gesundheitspolitik, Sexualität, **> Genderpolitik** und so weiter.

Care-Arbeit (von engl.: *care* | für etwas sorgen, sich kümmern): Oberbegriff für Tätigkeiten, die sich mit der Pflege, dem Erhalt und der Sorge für Menschen in ihrer Körperlichkeit beschäftigen, wie Erziehung, Pflege, Essenszubereitung, Putzen und Waschen.

Cis (lat. für diesseits): In Bezug auf > **Gender** bezeichnet es Identitäten, die sich in Übereinstimmung mit dem bei der Geburt zugesprochenen Geschlecht befinden. So ist eine Person, die aufgrund ihrer Genitalien bei der Geburt als »Mädchen« bezeichnet wurde (> **AFAB**) und sich selbst auch als weiblich versteht, eine »cis Frau«. Würde sich dieselbe Person als Mann oder als genderfluid oder in einer anderen Identität als der weiblichen verorten, wäre sie »trans«. Ich folge in diesem Buch einem Vorschlag von Felicia Ewert und verwende die Worte »cis« und »trans« als Adjektive, schreibe also von cis Frauen und nicht – wie häufig üblich – von »Cisfrauen«. Gemeint ist aber dasselbe.

Co-Parenting (von engl.: *parent* | Elternteil): Gemeinsame Elternschaft, die nicht mit einer romantischen Liebesbeziehung einhergeht und sich außerhalb traditioneller Familienstrukturen bewegt. Zum Beispiel kann eine Single-Frau gemeinsam mit einem befreundeten Mann ein Kind zeugen und versorgen, ohne dass sie ein Liebespaar sind. Oder ein befreundetes lesbisches und ein schwules Paar haben gemeinsame Kinder und alle vier Erwachsenen fungieren als Eltern. Inzwischen gibt es bereits Vermittlungsagenturen für Menschen, die in Form von Co-Parenting Eltern werden möchten.

CRISPR-Verfahren CRISPR steht für »*clustered regularly interspaced short palindromic repeats*« und bezeichnet bestimmte DNA-Sequenzen im Genom. Es ist möglich, diese Sequenzen in einem frisch gezeugten Embryo zu manipulieren, bevor dieser in eine Gebärmutter eingesetzt wird. Auf diese Weise können möglicherweise Erbkrankheiten noch vor der Implantation »korrigiert« werden. Die ethischen Bedenken gegen das Verfahren sind aber so hoch, dass es für Menschen derzeit fast überall verboten ist.

Eierstocktransplantationen werden erst seit wenigen Jahren erfolgreich durchgeführt. Bei endogenen Transplantationen wird der Eierstock ein und derselben Person entnommen und später wieder eingesetzt. Dieses Verfahren kann bei Krebspatientinnen angewendet werden, damit eine Chemotherapie die Eizellen nicht schädigt, oder bei extrem verfrühten > **Menopausen.** Anders als bei der deutlich weniger invasiven > **Eizellentnahme** ist bei einer Eierstocktransplantation später eine Zeugung durch Geschlechtsverkehr möglich. Allogene Transplantationen, bei denen die Eierstöcke einer fremden Spenderin eingesetzt werden, werden ebenfalls bereits vorgenommen, sind aber seltener nachgefragt, weil die so gezeugten Kinder keine genetisch »eigenen« sind.

Eizellentnahme Die Entnahme von Eizellen aus den Eierstöcken ist die Voraussetzung für eine Zeugung außerhalb des Körpers, vgl. > **In-vitro-Fertilisation.** In der Regel werden dafür vorab mehrere Eizellen durch Hormongaben zur Reifung stimuliert. Das Verfahren ist nachgefragt, wenn eine Zeugung durch Sex nicht funktioniert (zum Beispiel, weil das Sperma nur schwach fruchtbar ist, oder weil die Eileiter verengt sind und die Eizellen sie nicht passieren können), oder wenn Menschen keinen Geschlechtsverkehr wünschen (etwa lesbische Frauen oder im Fall von > **Co-Parenting**). In manchen Ländern können Frauen Eizellen auch gegen Bezahlung entnehmen lassen, die dann von Reproduktionskliniken an Kund*innen mit Kinderwunsch vermittelt werden. Eine weitere Anwendungsform ist die Eizellentnahme mit anschließender Konservierung, die von Frauen nachgefragt wird, die sich die Möglichkeit offenhalten möchten, nach einer Chemotherapie oder in höherem Alter noch mit eigenem genetischem Material schwanger zu werden.

Ektogenese Reifung von Embryonen und Föten außerhalb eines menschlichen Körpers, also in künstlichen Inkubatoren. In der Science-Fiction wird diese Möglichkeit häufig ausgemalt, meist dystopisch (etwa in dem Film »Matrix«). In der Realität haben Föten bislang frühestens ab der 22. Schwangerschaftswoche eine Chance, außerhalb des Uterus einer Schwangeren zu überleben.

Epigenetik Fachgebiet der Biologie, das sich mit der Frage beschäftigt, welche Faktoren die Entwicklung von Genen, Zellen und Embryonen beeinflussen, die nicht auf Mutation oder Rekombinationen beruhen und dennoch vererbbar sind. Während die Biologie lange davon ausging, dass ausschließlich Gene das menschliche Erbmaterial beeinflussen, wird immer deutlicher, dass es eine Wechselwirkung zwischen Genen und ihrer Umgebung gibt und dass der Einfluss externer Faktoren größer ist als lange gedacht.

Gebärmutter Das menschliche Organ, in dem Embryonen sich nach der Zeugung einnisten müssen, um zu einer lebensfähigen Reife zu gelangen – in dieser Zeit ist die Person schwanger. Es ist nur bei etwa der Hälfte der Menschen vorhanden.

Gebärmuttertransplantationen werden seit wenigen Jahren erfolgreich durchgeführt, um cis Frauen ohne Gebärmutter (vgl. > **MRKH-Syndrom**) eine Schwangerschaft zu ermöglichen. Theoretisch ist es möglich, dass auch > **trans** Frauen und > **cis** Männer auf diese Weise schwanger werden können.

Gender Soziale Geschlechterrolle, die über kulturelle Zeichen und Übereinkünfte (wie Gesetze, Sitten und Gewohnheiten, Kleidung, Sprache, Bewegung) hergestellt wird. Verschiedene Kulturen haben unterschiedliche Vorstellungen davon, welche und wie viele Gender es gibt und was sie ausmacht. Gender-Konzepte verändern sich im Lauf der Zeit und sind häufig Gegenstand politischer Debatten. Es besteht nicht notwendigerweise eine Verbindung zwischen Gender und biologischen Körpermerkmalen.

Genderperformance All das, was eine Person tut (Kleidung, Sprache, Bewegung oder andere symbolische Zeichen), um als Angehörige eines bestimmten Geschlechts wahrgenommen und akzeptiert zu werden.

Geschlechterdifferenz(en) Oberbegriff für die Pluralität und Vielfältigkeit von Geschlecht und Gender.

Geschlechterselektion Auswahl von Embryonen nach geschlechtlichen Merkmalen. So kann eine Geschlechtsbestimmung per Ultraschall zu einer gezielten Abtreibung weiblicher Embryonen und Föten führen, was in vielen Ländern bereits einen deutlichen Männerüberschuss zur Folge hatte. Heute kann die Geschlechterbestimmung per > **Pränataldiagnostik** dazu genutzt werden, Embryonen je nach ihrer reproduktiven Funktion in eine Gebärmutter einzusetzen oder wegzuwerfen. Paare aus den USA oder Europa bevorzugen manchmal auch gezielt Embryonen mit Uterus-Potenzial. In vielen Reproduktionskliniken wird die Möglichkeit der Geschlechterselektion als »Family Balancing« beworben.

Geschlechtsmerkmale (Genitalien, Chromosomen, Hormone) Biologische Merkmale, die Rückschlüsse auf die reproduktive Differenz zulassen, also eine Prognose darüber erlauben, ob ein Mensch (später einmal) schwanger werden kann oder nicht. Bei Neugeborenen wird das in der Regel aus den Genitalien abgelesen, also dem Vorhandensein eines (ausreichend langen) Penis oder einer Vulva. Auch Chromosomenanalysen (XX oder XY) oder Hormonspiegel erlauben Rückschlüsse über die reproduktive Funktion des Körpers, allerdings nur mit hoher Wahrscheinlichkeit, nie mit Gewissheit.

Gestation Im Englischen und Französischen ein Begriff, der die Aktivität einer schwangeren Person in der Zeit ihrer Schwangerschaft beschreibt, etwa im Sinn von »zum Reifen bringen«. Im Deutschen gibt es dafür kein Wort.

Hermaphroditismus Manche Körper besitzen sowohl weibliche als auch männliche Geschlechtsorgane. Bei Menschen kommt dieser »echte« Hermaphroditismus in der Größenordnung von 1:20.000 bis 1:100.000 vor (mit regionalen Schwankungen).

Heteronormativität / heterosexuelle Matrix Kulturelle Ordnung, die eine > **binäre Zweigeschlechtlichkeit** zur Norm erklärt, also verlangt, dass alle Menschen entweder weiblich oder männlich sind und sexuell jeweils das andere Geschlecht begehren.

ICSI (Intrazytoplasmatische Spermieninjektion) Verfahren zur technologisch assistierten Zeugung, bei der das einzelne Spermium direkt in die Eizelle hineingespritzt wird. Es macht eine Zeugung auch dann möglich, wenn nur wenige fruchtbare Spermien vorhanden sind und die Erfolgschancen einer normalen > **In-vitro-Fertilisation** daher gering wären.

Intersexualität Oberbegriff für sehr unterschiedliche biologische Phänomene, denen gemeinsam ist, dass sie die strengen Bedingungen »normaler« Weiblichkeit oder Männlichkeit nicht erfüllen (ungewöhnliche Körperformen oder Genitalien, von der Norm abweichende Chromosomenkonstellationen oder Hormonpegel). Je nachdem, wie eng man geschlechtliche »Normalität« definiert, betrifft biologische Intersexualität 1:100 bis 1:1000 Personen. In Bezug auf ihr > **Gender** verstehen sich die meisten dieser Personen nicht als intersexuell, sondern als Frauen oder Männer.

In-vitro-Fertilisation (IvF) Zeugung außerhalb des Körpers in einem Labor, wobei Eizelle und Sperma in einem Glas (lateinisch: »in vitro«) zusammengebracht werden. Die so entstandenen Embryonen werden dann in die Gebärmutter einer Person zur > **Gestation** eingeführt. Das erste in-vitro gezeugte Kind kam 1978 zur Welt. IvF ist die technologische Voraussetzung dafür, dass ein Mensch zwei biologische Mütter haben kann: die Spenderin der Eizelle und die > **Tragemutter.**

LGBTQI Akronym für »lesbian, gay, bi, trans, queer, inter«, steht für geschlechtliche Identitäten und sexuelle Begehrensformen, die nicht der > **heteronormativen Zweigeschlechtlichkeit** von Mann und Frau entsprechen.

Leihmutterschaft Schwangerschaft, bei der vorab vertraglich vereinbart wurde, dass nach der Geburt nicht die Gebärerin für die Versorgung des Kindes zuständig / dazu berechtigt ist, sondern das Neugeborene anderen Erwachsenen übergeben wird. Leihmutterschaft kann aus altruistischen Gründen praktiziert werden (etwa um einem schwulen Paar Elternschaft zu ermöglichen), oder für Geld. Bei der klassischen Leihmutterschaft stammt auch die Eizelle, mit der der Embryo gezeugt wurde, von der Gebärerin, heute sind Eizellenspenderin und > **Tragemutter** in der Regel zwei verschiedene Personen.

Menarche Zeitpunkt der ersten Menstruation. Noch um 1900 waren Mädchen in Deutschland bei der Menarche im Durchschnitt etwa 17 Jahre alt, heute findet die Menarche meist im Alter von gut 12 Jahren statt.

Menopause Zeitpunkt, ab dem die Eierstöcke keine zeugungsbereiten Eizellen mehr produzieren; in der Folge bleibt die Menstruation aus. Meist tritt die Menopause im Alter von 45 bis 55 Jahren ein. Danach können Menschen mit Uterus nur noch durch > **In-vitro-Fertilisation** schwanger werden.

Monosexualität Monosexualität bezeichnet die Neigung, sich ausschließlich zu Menschen eines Geschlechts sexuell hingezogen zu fühlen (im Unterschied zur Bi- oder Polysexualität). In diesem Essay bezeichne ich auch die Gebärmutter als »monosexuelles« Organ, denn sie ist das einzige Organ, das nur bei der einen Hälfte der Menschen vorkommt, und bei der anderen Hälfte nicht.

MRKH (Mayer-Rokitansky-Küster-Hauser)-Syndrom Eine Form biologischer > **Intersexualität**, bei der Menschen mit weiblichen Genitalien und XX-Chromosomen entgegen der Prognose (> **AFAB**) keine Gebärmutter haben. Das Phänomen kommt in einer Häufigkeit von etwa 1:5000 Frauen vor. In aller Regel haben die Betroffenen funktionierende Eierstöcke, das heißt, sie können mit Hilfe von > **In-vitro-Fertilisation** genetisch eigene Kinder zeugen.

Naturalismus Strömung in der europäischen Kulturgeschichte seit dem Ende des 19. Jahrhunderts, bei der man sich aus einer genauen Beobachtung der Natur Erkenntnisse für das soziale Zusammenleben der Menschen und eine gute Gesellschaftsordnung erhoffte. Dabei wurde häufig eine idealisierte »Natur« einer degenerierten modernen »Kultur« gegenübergestellt.

Plazenta Ein Organ, das sich nur im Fall einer Schwangerschaft bildet und nach der Geburt wieder abgestoßen wird. Die Plazenta ermöglicht den Austausch von Körperflüssigkeiten zwischen der Schwangeren und dem Embryo bzw. Fötus, ohne dass es zu einer Immunabwehr gegen den fremden Körper kommt.

Präimplantationsdiagnostik (PID) Zellbiologische und molekulargenetische Untersuchungen zur Diagnose wahrscheinlicher Eigenschaften eines **> in-vitro** gezeugten Embryos vor der Implantation in die Gebärmutter. Auf dieser Grundlage kann entschieden werden, welche Embryonen eingesetzt und zur Reife gebracht und welche weggeworfen werden, zum Beispiel in Form von **> Geschlechtsselektion.** Ob eine Selektion von Embryonen via PID ethisch vertretbar ist, ist umstritten. In Deutschland ist sie nur zur Vermeidung schwerer Krankheiten erlaubt.

Prokreation Fortpflanzung der eigenen Spezies.

Queer Englischer Begriff, der ursprünglich »seltsam, eigenartig« bedeutete, inzwischen aber als Oberbegriff für geschlechtliche Identitäten und sexuelle Begehrensformen verwendet wird, die nicht der traditionellen heterosexuellen Zweigeschlechtlichkeit entsprechen.

Reproduktionsmedizin / Reproduktionstechnologie Medizinische und technologische Verfahren, die beim Prozess der menschlichen Fortpflanzung angewendet werden, wie zum Beispiel Formen der künstlichen Befruchtung (**> In-vitro, > ICSI**) oder Transplantationen von Organen wie **> Gebärmutter** oder Eierstöcken.

Repronormativität Ableitung sozialer Normen aus der reproduktiven Differenz, die zu bestimmten Erwartungshaltungen führen, etwa dass Personen mit oder ohne Uterus bestimmte Eigenschaften oder Besonderheiten hätten, oder dass Menschen, die ein Kind geboren haben, auch dafür zuständig seien, dieses Kind aufzuziehen.

Reproduktive Differenz Die biologische Differenz zwischen Menschen in Bezug auf reproduktive Vorgänge, insbesondere in Bezug auf das (nicht) Schwangerwerdenkönnen.

Stealthing (von engl. *stealth* | List, Heimlichtuerei): Form der sexuellen Gewalt, bei der ein penetrierender Sexualpartner das Kondom heimlich gegen den Willen der anderen Person entfernt und anschließend Geschlechtsverkehr ausübt. Auf diese Wiese können Krankheiten übertragen werden und ungewollte Schwangerschaften ausgelöst werden.

Surrogacy Englische Bezeichnung für **> Leihmutterschaft.**

Tragemutter Person, die für Geld oder aus altruistischen Gründen für andere schwanger ist und gebiert, aber nicht selbst die Eizelle für die Zeugung dieses Kindes zur Verfügung gestellt hat. Tragemütter sind nicht genetisch mit den von ihnen geborenen Kindern verwandt, eine biologische Verwandtschaft entsteht aber trotzdem durch den Austausch von Körperzellen über die **> Plazenta** sowie Prozesse der **> Epigenetik.**

Trans Lat. für jenseits. In Bezug auf **> Gender** wird es verwendet, um geschlechtliche Identitäten zu bezeichnen, die sich nicht in Übereinstimmung mit dem bei der Geburt zugesprochenen Geschlecht befinden. Vgl. auch **> cis** und **> AFAB / AMAB.**

ANTJE SCHRUPP

geboren 1964, ist Politikwissenschaftlerin und Journalistin und lebt in Frankfurt am Main. Sie arbeitet als Redakteurin des *Evangelischen Frankfurt und Offenb*ach und des Internetforums *Beziehungsweise Weiterdenken* sowie als Autorin, Referentin und aktive Bloggerin. Ihre Themen betreffen Fragen der Philosophie, des Feminismus, Religionen und Weltanschauungen sowie die Geschichte des Sozialismus und Anarchismus. Im Ulrike Helmer Verlag publizierte sie 1999 bereits ihre Dissertation und späterhin Sachbücher, darunter »Methusalems Mütter« und »Was wäre wenn?« Zuletzt erschien »Vote for Victoria!« (HELMER 2016), ihre Biografie der ersten amerikanischen Präsidentschaftskandidatin Victoria Woodhull (1838-1927).

Mehr von Antje Schrupp

Was wäre wenn?
Über das Begehren und die Bedingungen weiblicher Freiheit
Paperback, 180 Seiten. ISBN 978-3-89741-292-7

Weibliche Freiheit bedeutet, die Emanzipation der Frauen nicht als das Ende der Entwicklung zu begreifen, sondern als Ausgangspunkt. Für eine andere Welt, wobei das Ergebnis anders als bei der Emanzipation nicht vorher schon bekannt ist, sondern sich erst entwickelt.

Methusalems Mütter
Chancen des demografischen Wandels
Paperback, 204 Seiten. ISBN 978-3-89741-223-1

Niedrige Geburtenraten, leere Renten- und Pflegekassen ... Sitzt Deutschland in der Altersfalle? Die Lage retten sollen die Frauen, indem sie mehr Kinder bekommen und noch mehr Alte pflegen? Antje Schrupp klärt statistische Irrtümer über die alternde Gesellschaft auf und relativiert das Katastrophenszenario: Realistisch betrachtet, bietet die älter werdende Gesellschaft durchaus Chancen.

Ronald Blaschke / Ina Praetorius / Antje Schrupp (Hg.)
Das Bedingungslose Grundeinkommen
Feministische und postpatriarchale Perspektiven
Paperback, ca. 180 Seiten. ISBN 978-3-89741-394-8

Rentenmisere und drohende Arbeitsarmut – allerhöchste Zeit, die politische Diskussion voranzutreiben. Feministische Ökonomiekritik betont seit langem, dass Arbeit mehr ist als Erwerbsarbeit und Wirtschaft mehr als Zahlen und Bilanzen. Das Bedingungslose Grundeinkommen kann ein Schritt in die richtige Richtung sein, allerdings nur, wenn feministische und postpatriarchale Perspektiven und ein auf Care zentriertes ökonomisches Konzept dabei mitgedacht werden.

Antje Schrupp
Vote for Victoria!
Das wilde Leben von Amerikas erster
Präsidentschaftskandidatin
Victoria Woodhull (1838–1927)
Paperback, 139 Seiten. ISBN 978-3-89741-393-1

Sie war Hillary Clintons Vorläuferin, ihr Vorbild aber war sie wohl kaum. Victoria Woodhull, die schon rund 150 Jahre vor Clinton Amerikas Präsidentin werden wollte, dachte und lebte höchst unkonventionell. Sie stammte nicht aus dem Establishment, sondern aus der Gosse. Von einer Prostituierten und Wunderheilerin brachte sie es zur ersten Wall Street-Brokerin, gründete eine eigene Zeitung, eine sozialistische Partei. Woodhull kandidierte 1872 – bereits fünfzig Jahre vor Einführung des offiziellen Frauenwahlrechts: Sie fand, Frauen sollten ihrem freien Willen folgen, statt erst lange zu bitten. Ihre unglaubliche Biografie wird von Antje Schrupp mitreißend erzählt.

Zum Weiterlesen ...

Andrea Vogelsang (Kristina Hänel)

Die Höhle der Löwin

Geschichten einer Ärztin über Abtreibung

Paperback, 218 Seiten. ISBN 978-3-89741-417-4

> *»Ich war ziemlich unbedarft, was Abtreibung angeht. Ich hatte dieselben Vorurteile in mir, die alle haben. Im Grunde meines Herzens war ich ebenso moralisch wie der Großteil dieser Bevölkerung, ich hatte ja genauso wenig Ahnung wie sie. Und ich war gläubig. Ich glaubte nicht an Gott, auch nicht an irgendeine Göttin, aber ich glaubte an Verhütung.« (Kristina Hänel)*

Jede Abtreibung ist eine Antwort auf Lebensumstände, jede hat ihre Vorgeschichte. Da sind Frauen, die trotz Verhütung schwanger werden. Andere wollen ein Kind, stehen aber plötzlich allein da. Oder treiben gar auf Wunsch des Mannes ab ... Warum Frauen sich für eine Abtreibung entscheiden, wird erst in der Vielfalt der Schicksale ersichtlich.

Dieses ganz persönliche, anrührende Buch der Gießener Ärztin Kristina Hänel leuchtet den großen Zusammenhang aus, in dem Abtreibung zu einem Thema werden kann. Nachdem gegen die Allgemeinmedizinerin Anklage nach § 219a (Verbot von Werbung für Schwangerschaftsabbruch) erhoben wurde, löste sie eine bundesweite Debatte über den § 219a aus und kämpft für dessen Aufhebung.

MIX
Papier | Fördert
gute Waldnutzung
FSC® C083411

Zeitfracht Medien GmbH
Ferdinand-Jühlke-Straße 7
99095 Erfurt, Deutschland
produktsicherheit@kolibri360.de